90歳、それでもぼくは挑戦する。

三浦雄一郎

三笠書房

はじめに

ぼくは、もう九〇歳を超えましたが、自分が歳を取ったな、老け込んだな、という意識は、じつはあまりないんですね。

あえて「老い」を意識しないようにしている、というわけではありません。ごく自然にそうなのです。

というのは、若いころと同じように、あの山に登りたい、あの斜面をスキーで滑りたい、というチャレンジ精神はまだまだ薄れることがないからです。

脊髄の病気を患い、いまは両脚にしびれがあって不自由していますが、これからはよくなっていく一方だろう、という気持ちのほうが強いです。

「明日は今日より、きっとよくなる」

と。そんなことを思いながら、今年も富士山に挑戦し、山頂からの光景を眺めてきました。そして、「次はまたスキーで世界の山に出かけたい」と思っています。そのチャレンジを終えたら、次は九二歳、九三歳……と続き、一〇〇歳でも世界の山に挑み続けたい。その先のことは、一〇〇歳になってから考えればいいかな、と思っています。

とはいえ、**ぼくは単に長生きしたいわけじゃなくて、いつも何かにチャレンジする姿勢を失いたくないのです。**そこで得られる楽しさ、喜び、達成感をできるだけ多く、最後まで味わいたい。それがぼくの人生だからです。

ぼくは七〇歳のときに、エベレストに登頂しました。もうこれが最後かなとも思っていましたが、その感動が消え去らず、まだまだ挑戦し続けたいと強く思いました。七五歳でもできないはずはない、限界ラインをひとつ上げてみよう、と。そして七五歳で、さらに八〇歳でも登ることになったわけですが、命をもらった限りは、命がけのことをやってみたいのです。

夢を見ること。それに挑戦すること。この**「チャレンジ精神」**こそ、**ぼくが人**

生をかけて受け取ったもっともすばらしい、そしてもっとも大事な宝物なのかもしれません。

人間は、歳を取っても楽しみや目標を持つことが大事だと思います。

ぼくは幸運にも、スキーや登山という、いくつになっても最高にチャレンジしがいのある楽しみを持っています。

もちろん、スキーや登山でなくてもいい。**「やってみたい」と思ったことは、「歳だから……」なんていわず、どんどんやってみる。せっかく湧き上がってきた好奇心にけっしてフタをしたりしない。**そういうことが大事になってくるのではないでしょうか。

「でも歳を取ると、やりたいことをやれなくなってくる」

そんなふうに嘆く人もいるかもしれませんが、なにも大それたことでなくていいのです。たとえば、旅行に行きたい、あるいは、孫に会いに行きたいというのでもいいでしょう。

そう思ったのなら行ってみる。計画を立てて実行してみる。ためらって実行せず、「あのとき、やっておけばよかった」と思っても後の祭りです。

ささやかな望みを叶えることだって、立派な「挑戦」です。**大事なのは実行に移すこと。そんな「チャレンジ精神」こそが、人生を最後まで生き生きと輝かすための源泉だと、ぼくは思います。**

本書では、そんな「挑戦」や「チャレンジ」をキーワードに、さまざまなことを書かせていただきました。

みなさんの、これからの人生をよりおもしろく、より輝かせるためのヒントになるのであれば、これほどうれしいことはありません。

三浦雄一郎

目次

1章　人生の壁をどう乗り越えるか

2章 ぼくの「アンチエイジング」法

3章 九〇歳、人生を愉しむコツ

4章 人生、最後まで「挑戦」

編集協力　寺倉 力／竹石 健（未来工房）
本文ＤＴＰ　株式会社Ｓｕｎ Ｆｕｅｒｚａ

1章

人生の壁を どう乗り越えるか

夢

人生の目的は「夢中になれるもの」を探すことにある

夢。

これはもう若いころからたくさん抱き続けてきたものです。それぞれの年代、それぞれの時代ごとに、「これができたら最高だ」と思えることを頭に描いて、準備して、それに向かって夢中になって取り組む。それがぼくの生き方でした。

ぼくが目指していたのは、自分の専門であるスキー、登山、冒険という分野において、世界でまだ誰もやらなかったこと、できなかったことを、一生をかけてやってみたいということです。その夢を抱いて以来、それを一度も失ったことがありません。夢を失ったら、ぼくはなんのために生きてきたのか、わからなくなってしまうからです。

一九七〇年五月、スキーとパラシュートをつけて、エベレストの八〇〇〇m地点から飛び出して滑降する、という、当時、世界でもっとも標高が高い地点からの本格的なスキーによる滑降をして以来、どこへ行っても、誰と会っても、「次は何をやるのですか?」と必ず聞かれ、そのたびに「次は南極を滑ります」と口にしました。

地球上で一番高い山から滑り降りたら、次は地球上で一番巨大な氷の世界に行き、スキーをしてみたい――。雪と氷に覆われた大陸だから、高い山があればスキーはできるはずだ。そう思ったのです。

実際、調べてみると、四〇〇〇m級の山もある。「よし、ここだ！」と狙いを定めました。

はじめての南極に立ってみると、こんなすごい世界があったんだ、と驚愕しました。一九七七年、ぼくが四五歳のときです。「感動」という言葉さえ陳腐になってしまうくらいの光景が目の前に広がっているのです。

そのときは南極半島の突端の三〇〇〇m級の山に登って、そこからスキーで滑ったのですが、途中で雪崩に遭って「もうダメか」と覚悟しました。でも運よく助かって、おかげでいまでもぼくはここにいます。

その五年後の一九八三年には、南極で一番高いビンソン・マシフという四八九二mの山に登って、頂上からスキーで滑り降りました。

当時、南極でスキーを滑るなんて、どこの誰も考えていなかったはずです。

そもそも、いまと違って、観測隊員でもない人間が南極大陸に渡る手段がない。

ところが、そこで人のつながりに助けられた。ぼくの北海道大学時代の後輩に、西村豪(たけし)君という山岳部の友人がいて、彼がチリ大学で地質学の教授をやっていたのです。その彼がアレンジしてくれたおかげで、チリの南極観測船に乗せてもらえることになりました。

また、ぼくの友人にディック・バスというテキサスの大金持ちがいました。彼はユタ州の山の中にスノーバードというスキーリゾートをつくってしまったほど、山とスキーが大好きな人間です。

彼とはスノーバードでスキーをしているときに出会って仲良くなり、ぼくがエベレストをスキーで滑ったという話を聞いて、彼もエベレストに登ってみたいというのです。結局、彼はその後、七大陸最高峰の登頂に成功した世界で最初の人間になります。

ぼくが南極大陸最高峰を滑りたいと思ったときは、ちょうど彼らも南極を目指しており、一緒に組んで行くことになりました。

考えてみれば、「夢」は、自分の中からだけで生まれてくるのではありません。やはり、同じような夢を持っている人たちと出会い、会話を交わし、刺激したり、されたりすることが動機になって、そこから生まれ、そして持ち続けられるものなのです。ぼくの場合、そういう友人に恵まれたことは、とてもありがたいこと、幸運なことだと思っています。

夢を描くことがまず大事、そしてそれを諦めないでいれば、必ず後押ししてくれる人が現れます。すると夢が具体的な目標へと進化していき、一つひとつに夢中になって取り組むことができます。

そして達成できたら、「ついにできたんだ！」という満足感を分かち合うことができます。そういう交友関係があるのが人生の醍醐味であり、そういう人脈があってこそ、夢に近づくことができるのだと思います。

ぼくの場合、若いころから「雪山の頂上に立ち、そこからスキーで滑り降りる」のが夢であり目標でした。

それこそ、北海道の山からはじまり、本州では日本アルプスの立山（たてやま）、剱岳（つるぎだけ）あたりの、まだ誰も滑っていない斜面を滑りまくった。それを続けているうちに、パラシュートをつけて富士山を直滑降し、日本一の次は世界一だ、とばかりにエベレストだ、南極だと〝エスカレート〟し、ついには世界七大陸の最高峰からスキーで滑ることになるわけです。


夢や目標を達成すると、次にもっとすごそうなこと、もっとおもしろそうなことが、次から次へと出てくる。だからいつまでも持ち続けていられる。そして、それが人生をおもしろく、チャレンジングなものにしてくれます。

このことに、年齢は関係ありません。

ぼくの経験が、それを証明しています。

―チャンス―

「試練」を乗り越えた人だけが、手にできること

「もう若くないから……」

そういって、せっかくのチャンスに尻込みしてしまうことはありませんか。

「チャンス」というものは年齢に関係なく、誰でも、どんな年代の人でもつかめるもの。ぼくはそう思います。若いときだけのものではなくて、歳を取ったら取ったなりに、いろいろな機会はあるし、チャンスはあります。

ただ大事なのは、いくつになってもチャレンジする気持ちがあるかどうか。そ

れに尽きるのです。

振り返ってみると、ぼくの最初のチャンスは、オリンピックを目指していたスキー選手時代にありました。

しかし、二〇代のあるとき、スキー連盟とトラブルを起こして日本のスキー界を追放されてしまったのです。でも振り返ってみれば、それがひとつの転機になりました。

もちろん、そのときは、ショックでした。激しく落ち込みもしました。でも、「このまま終わってなるものか」という気持ちがムクムクと湧いてきた。そこで日本アルプスにこもって山を駆け回り、登る、滑る、を繰り返しているうちに、だんだんと自分の中でフツフツと新しい情熱が湧き出てくるようになりました。

そんなとき、たまたま読んでいた古いスポーツ新聞で、「世界プロスキー選手権」という小さな記事を見つけました。一九六一年、二九歳のころです。

それまで日本人は誰も参加したことがなかった大会ですが、「オリンピックに出場できないのなら、それ以外のことで世界に挑戦しよう」と決めました。それが、ぼくが世界に飛び出すチャンスになったのです。

とはいっても、まさに飛び入り参加。アメリカに行くといっても資金もないから、友人や知人をまわり、「餞別（せんべつ）」という名の借金を集めて、なんとか旅立ちました。

英語はいまでもたいしたことはありませんが、そのころはもっとひどくて、それでも、切羽詰まっていたので、なりふりかまっていられない。なんとか道を切り拓いて、ようやくやり通したというのが本音です。

資金はごくごくわずか、成績をあげて賞金を稼がないと帰ることもできない。勝つことでしか何もはじまらない状況です。でもこういうときにハングリー精神が生きてくる。それが自分を奮い立たせることにつながったのです。

そうやってアメリカのプロスキー選手権に出場しているうちに、とうとう三位になって表彰台に上がりました。オリンピックだったら銅メダルです。

でも考えてみたら、もしもあのとき、スキー連盟とトラブルを起こさず、おとなしく「はいはい」とやっていたら、ひょっとしたらオリンピックには出られたかもしれない。でも、予選は通過できなかったに違いありません。当時の日本選手のレベルはそのくらいでしたからね。

そういった意味では、当時のぼくにとっては、アメリカが一番自由な広がりの大きな世界だったと思いました。

人間は、真摯（しんし）に生きようとすればするほど、試練がついて回るもの。大なり小なり、試練が降りかかってくるのは、むしろそれだけ真剣に、懸命に生きている証拠なのです。

そこでけっして腐らないこと。自分ができることをやり続けること。

それをできる人が、試練を乗り越え、チャンスをつかむ。このことは、若い人であろうと、シニアであろうと、まったく同じだと思います。

挫折

ぼくをプロに変えてくれた「最初で最大級の挫折」

前述した、日本のスキー界をぼくが追放されたのは、二六、二七歳のころのこと。人生で最初で最大級の挫折でした。

そのころぼくは、スキーをしながら、北海道大学で獣医になる勉強をしていましたが、スキーで身を立てる道を選択し、せっかく入った北海道大学獣医学部の研究室を辞めて、出身地である青森に戻っていました。

八甲田の山の中を走ったり滑ったりしながらスキーのトレーニングに励み、青森県大会で優秀な成績をあげて全日本スキー選手権の出場権を得て、オリンピック代表を狙うつもりでした。

前年の全日本選手権では、風邪で四〇度の熱を出しながらも滑降で四位、大回転で五位だったので、まともなコンディションなら勝てる、とやる気満々でした。案の定、青森県大会で入賞して県の代表選手に選ばれました。ところが、八甲田山で一緒に滑っていた仲間たちも入賞していたのに、代表に選ばれません。

ぼくは選手会で立ち上がって、こんな発言をしたのです。

「お願いがあります。青森県には六名の選手枠があるのに、三名しか参加させないなんておかしいと思います。ぜひ、残り三名も全国大会に出場できるようにしてください」

と。

その発言がきっかけで、「あいつは生意気だ、ケシカラン」と役員たちの反感を買い、ぼくは失格になりました。それどころか「アマチュア資格剝奪」という処分を受けました。今後のいかなるアマチュアのスキー大会にも出場できないことになってしまったのです。

ぼくは「こうしたらどうですか」という前向きで善意の提言をしたにすぎません。ところが、それが役員たちのご機嫌を損ねてしまった……。理不尽な話だと思いますが、結果的にいつの間にか、「文句をつけるケシカラン選手」というレッテルを貼られてしまったわけです。

あのまま北大の研究室に残っていれば、獣医になることもできたし、あるいは、国立大学教授という道もあったかもしれません。

けれども、それらを自分から放棄してまでスキー一直線の道を選び、オリンピックに賭けたわけです。大きな人生の選択です。

それなのに日本のスキー界を追放されてしまった。大空に羽ばたいたつもりが、地面に引き戻されてしまったような気分でした。

それまでにも、何かにくじけたり、敗北感を抱いたりしたことはいくらでもありましたが、このときほど「挫折」という思いを強く意識したことはありません。

それからのぼくは、まるで夜逃げ同然で青森を後にし、日本アルプスの立山にこもって、山小屋に運ぶ荷物を背負って歩く強力（ごうりき）の仕事に没頭しました。

大きな挫折感をまぎらわすには、重荷にあえぎながら山を登るという、単純きわまりない肉体労働が合っていたのでしょう。

「人生発酵期間」とでもいうのでしょうか、それを何年も続けるうちに、自分の中で失っていた情熱のようなものが、しだいにまたフツフツと湧き出してくるのを感じました。

それからは荷物担ぎをしながら、合間をみて山を走り回ったり、それこそ崖をよじ登ったり、残雪でスキーをしたり……。そうやって山で夢中になって体を動かしているうちに、また新しい自分の世界が見えてきたのです。

挫折というのは、自分の夢や目標を、途中でもぎ取られることが一番の原因だったりします。立ち上がれそうもない衝撃に打ちひしがれるのもあたりまえです。

けれども、まずはともかく後先は考えず、自らもがき、あがいてみること。動いてみること。それが大事ではないでしょうか。そうしている間に、自然と自分なりに新しい夢や目標に出会えるかもしれません。

結果的に、このときの挫折が、ぼくのその後を決めたといっても過言ではありません。それはぼくの場合、「日本がダメなら世界があるさ。オリンピックでなくても、べつのやり方で世界に挑戦することはできるはずだ」と思えるようになったからです。

そうしてぼくは新しいチャンスをつかもうとしたのです。

いまにしてみれば、あのときオリンピックへの道が閉ざされてよかったなと思っています。

当時のぼくは、スキーで世界一になれるほどの実力はなかったでしょう。結局、オリンピックでそこそこの成績を残して、スキー連盟の役員か理事くらいにはなったかもしれません。でもそこで満足してしまった可能性はあります。

それだと、冒険家・三浦雄一郎の世界はとても拓けなかったと思います。

覚悟

「やりたいこと」があるのなら、始めよう、続けよう

前項で述べたように、日本のスキー界を追放され、「それなら世界があるさ」と、せっかく日本を飛び出したのだから、「世界一になるんだ」という覚悟でスタートした世界プロスキー選手権でしたし、そのために頑張りました。

でも、頑張ってもなかなか世界に届かない。挫折しそうになりました。そこでふと気がついたのです。「プロで世界一」から、もう少しターゲットを広げても

いいかな、と。「世界一」を目標にするのはいい。でも一足飛びに到達できるものではありません。「世界一」という目標は最終ゴールとしておき、まず目の前のことに全力を尽くすことで、モチベーションを上げようと考えたのです。「次の大会の優勝」を目標にし続けていったらどうだろうと。すると、気分的にもずいぶんラクになり、やる気が湧いてきました。

また、実力のある外国選手たちと一緒に練習すると、当初はそのスピードに圧倒されるのですが、いざタイムを計ってみると、それほど大きくは違わない。この差ならば、いつか追いつける、追い越せると、自信も湧いてきました。

とはいえ、現実はなかなか簡単にはいきませんでしたが、それでも実力のある外国選手たちと一緒に練習して競い合い、夜になれば一緒に酒を呑んでワイワイやったりして、彼らと生活をともにしながら世界レベルの中に身を置くことができた。それがよかったのだと思います。

「若さ」ということもありましたが、基本的にぼくの考え方は、どんなときでもと思います。

「なんとかなるさ」という楽観思考、楽天主義。それもプラスになっていたのだと思います。

あの当時はどんなスポーツでも、アマチュアは非常に崇高で尊いもの、という時代でした。逆に「プロは卑しい金稼ぎ」とまでいわれたほどです。

でも考えてみれば、医者でも、音楽家でも、画家でも、会社員だって、プロフェッショナルとして仕事を評価され、その対価を得ています。「卑しい金稼ぎ」なんておかしな話です。

スキーに関しては、プロでもアマチュアでもどちらでもいいと、ぼくは思っています。

ただ、アマチュアの場合は、そこそこの年代になると、オリンピックを境に「引退」を表明し、そこから別の人生を歩みはじめますよね。

でも、プロスキーヤーはスキーそのものを仕事にしているわけですから「引退」がない。

プロスキーヤーが生活するためには、それなりのスポンサーが必要ですし、そのためには、実績や成績を出し続けていく必要があります。

ぼくの最初のスポンサーは富山県にあった波多製作所という国産スキーメーカーでした。契約金はほとんどなかったけれど、道具を提供していただきました。エバニューという会社にも非常にお世話になりました。スキーの道具以外でも、たとえば遠征のための飛行機代など、いろいろな面でサポートしていただきました。

これがエベレストを滑るときになると、必要な遠征費用の桁がゼロ三つくらい違ってくるので、いわゆるナショナルクライアントと呼ばれる大企業にお願いすることになります。

サントリーの佐治敬三さん、ソニーの盛田昭夫さん、松下電器の松下幸之助さん、ホンダの本田宗一郎さん……といった錚々(そうそう)たる人たちのもとに、直接、自分から訪ねていったのはいい思い出です。

それぞれの時代で、自分のやるべきこと、あるいはスポンサーに約束したことをやり遂げ、その仕事ぶりを評価される。その繰り返しをずっと続けてきたわけです。


そもそもぼくは、スキーなしの人生なんて考えられないくらい、スキーが本当に死ぬほど好き。その意味では、「プロ」になっていなかったら、これほど長い幸せなスキー人生を送れなかったかもしれませんね。

つまり、「挑戦を続ける」ということがぼくの「プロ魂」です。何があってもそれを続けようという心がまえ。それがぼくにとっての「覚悟」です。

みなさんも、何か好きなこと、やりたいことがあるなら、人になんといわれようと、ちょっとしたハードルがあろうと、始めればいい。やり続ければいい。挑戦を続ければいい。チャレンジ精神を失ってしまったら、その時点でアウトです。

勇気
「ぶっつけ本番」「おもしろ半分」マインドの大切さ

人生には「勇気」が試されるときがあります。

「ここで一歩踏み出せるかどうか」ということです。私のその勇気の原点は、北大時代にあったように思えます。

それまでやったこともないことに、ほとんどぶっつけ本番、おもしろ半分でいろいろなことにチャレンジしていたのです。

所属は北海道大学スキー部で、ぼくの専門はアルペンスキー競技です。けれども、専門外のスキージャンプ競技に出場して借り物のスキーで大倉シャンツェを飛んだり、インカレでもクロスカントリースキー競技に出場して、リレーのトップランナーを務めたりもしました。

また、春になるとスキー部のリーダーとして部員を山岳スキーに連れ出しました。春山のスキーは子どものころから八甲田山や岩木山で親しんでいましたからね。

そして夏になると、今度は山岳部の連中と山に入り、岩登りを楽しみました。日高山脈の沢登りで宙づりになって、九死に一生を得たこともありました。

それでもアルペン競技には専門的に取り組んでいました。ただ、周囲はポールをくぐることだけに夢中になっている連中ばかり。時間があるとリュックサックを担いで山に遊びに行くぼくみたいな人間は、完全に邪道扱いでしたけどね。

「三浦はいったい何をやってるんだ!?」

と。

そうした北大時代の、「ぶっつけ本番」「おもしろ半分」でどんどん新しいことに取り組む中で「一歩を踏み出す勇気」を身につけていったのだと思います。

だから、いままでぼくがやってきたことは、あのころの「続き」といってもいいかもしれません。

もちろん、エベレストに登るには入念な準備と緻密な計算のうえでチャレンジするわけですが、それでも山は計算どおりにいかないことも多く、その結果、この先どう生き延びたらいいのか、という非常に厳しい状況に追い込まれることばかり。そんなときはやはり、北大時代に培った「ぶっつけ本番」「おもしろ半分」的なマインドによる勇気が必要なときがあるのです。

考えてみれば、バンジージャンプでも同じですよね。踏み出す一瞬はとても恐ろしく、体が震えるような心境になるのですが、勇気を持って飛び込んでしまえば、もう行くしかない。引き返せない。

それでも「やっぱりできない」というときもあるかもしれませんが、ぼくはそういうとき、「やる」と宣言してしまいます。そうやって取り組んだ場合は、もうとにかくやるしかないわけです。

本書のテーマは、「チャレンジ」のすすめですが、ここでシニアのみなさんへ、ぜひお伝えしたい。

何かやってみたいこと、挑戦してみたいことに出会ったら、「もう歳だから」なんていって諦めたりせず、一歩踏み出してみたらいい。「ぶっつけ本番」「おもしろ半分」マインドを精一杯発揮してみましょう。

人生はもっともっとおもしろくなるはずです。

恐怖

パニックに陥りそうなときは、どうすべきか

山登りは危険と隣り合わせです。たとえば雪崩であったり、目に見えない隠れたクレバスであったり、自分だけの力では避けようがないほどの危険に遭うと、たまらなく恐怖を感じます。でもそこで、恐怖に負けたら命が終わります。大事なのは、そこで「どうリカバリーできるか」なのです。

これまでで一番恐怖を感じたのは、南極でのブリザードです。

「一番はエベレスト大滑降ではないのですか」とよく聞かれるのですが、やはり、南極は極地と呼ばれるだけあって、あの激烈なブリザードや極寒との闘いはある意味、エベレストを上回ります。

それこそ、時速一〇〇㎞を超える猛烈なブリザードの中でテントを張ったりしたら、あっという間に吹き飛ばされて、死んでしまいます。

この猛烈なブリザードから身を守るために、ぼくたちはあえてクレバスの中に入り込んだのです。そして、さらに雪洞を掘り進め、その中にテントを張りました。それでもしばらくすると、「ゴワッ、ゴワッ、ゴワッ、ゴワッ」と、南極の氷の山がまるでトタン屋根のように、ものすごい音を立ててきしむのです。

先にも述べた、ディック・バスたちアメリカチームと南極のビンソン・マシフ峰に遠征したときは、左手が凍傷でダメになる寸前でした。

ビンソン・マシフは山頂が四九〇〇mほどですが、四四〇〇mくらいまで登ってテントを張って、そこから最終アタックです。

そのアタック当日のこと。ぼくたちは二時間ほど登ったところで、風を避けた岩陰でひと休みしました。紅茶を飲もうとテルモス（登山用魔法瓶）のフタを開けて、カップに注ごうとしたその瞬間、突風が吹いて、熱い紅茶が手にかかってしまったのです。

一瞬、手に猛烈な熱さを感じて、「しまった、火傷した！」と思った途端、瞬く間に急激に凍っていくのを感じました。

そのときはオーバーミトンを外して、五本指の純毛の手袋だけしかしていなかったので、五本の指が凍り、手の甲が凍り、やがて手首が凍りはじめました。

マイナス四〇度の烈風の中です。このままじゃまずいぞと思って、あわてて凍った手袋を脱いで、スペアの手袋に替えました。それでもまだ、ぼくの手は冷凍の魚のようにガチガチに凍りついていました。

このままでは重度の凍傷は免れない。場合によっては手首から先を切断しなければならない……。恐怖がふくれ上がってきました。

そのとき、「体温全体を上げるのが一番いい」と考え、すぐ横にいた仲間に頼んでアイゼンのストラップを急いで締め直してもらい、それで斜面の下に向かって走り出したのです。

三分くらい走り続けたでしょうか、マイナス四〇度の冷気の中でも、羽毛服を着て走っていると、体から汗が出るくらい体温が上がってくるのです。

やがて、しだいに手首が溶けて、手の甲が溶けて、最後に手の指が溶けて、血が通いはじめ、動くようになりました。

あのとき、恐怖に負けて思考停止に陥り、どうしようかと迷うだけでいたら、いまごろは左手を失っていたと思います。「どうリカバーするか」を考え、すぐさま行動を取ったことで救われたのです。

このときのことを、登山家で医師の今井通子さんに話したら、「なるほど！　そういう凍傷の脱出法があるんですね。でも理にかなっています」と、先生も感心するやら驚くやらでした。

ところで、命の危険を感じる恐怖というレベルでなくても、何か「恐怖」のようなものを感じたとき、ぼくが大事なことだと思うのは、「ひと呼吸を置く」ことです。そして気持ちを落ち着け、次の行動を考えることです。「そんなこと？」というかもしれませんが、人はパニックに陥ると、それがなかなかできないのです。

それでもどうにもならない場合は、一切の行動を中止する。「恐怖」が消えないのは、無意識に何か危険を察知しているのかもしれません。

いうまでもなく、チャレンジには、大なり小なり「恐怖」がつきまといます。それは若い人だろうが、ベテランだろうが同じです。

それに立ち向かい、克服することも大事ですが、ときには恐怖をやり過ごして、よりよいチャンスが自分に訪れるまで待つのが、とても大事な場面もあります。ひと呼吸置いても嵐が過ぎ去らないのであれば、それが過ぎるまでじっと待って、また次の好機を自分でつかめばよいのです。

―自分流―

あえて「高望み」をすると道が開けることがある

ぼくがプロスキーヤーとしてこだわってきたのは「道具」です。いかに優れた技術の持ち主でも、肝心の道具が一流でなければ、最高のパフォーマンスを発揮することはできないからです。ぼくに限らず、スキーヤーでも登山家でも、やはり、一流といわれる人ほど自分が使う道具にはこだわります。

先ほど述べたように、ぼくが日本のスキー界から追放され、日本を飛び出し、世界プロスキー選手権を目指した一九六〇年ごろの話です。

当時はまだスキーが「超ハイソ」なスポーツでスキー道具の見本市が帝国ホテルで開かれていました。

ぼくも呼ばれてそこに行くと、あるメーカーの社長からこういわれました。

「三浦君、ウチのスキーをはかせてあげるから、アメリカのプロスキー選手権で頑張ってきなさいよ」

と。

当時、国産としては非常に優秀なスキーをつくっていたメーカーの社長直々の、身にあまるようなありがたい申し入れです。

ところがぼくはそのとき、社長にこう答えていました。

「おたくのスキーをはいて、世界でメダルを獲った選手はいるんですか？」

大変礼儀知らずの対応です。なんて生意気だったのかと、いま思い出すと冷や汗が出ます。しかし当時のぼくは、それすらわからないほど必死だったのです。

当然、当時はまだ国産のスキー板で世界大会の表彰台に立った選手はいません。でも自分としては、アメリカに行ってトップになる気満々だったので、それにふさわしい道具でなければいけないという強い思いしかなかった。生意気にも、その申し出をお断りしたのです。

あとから周囲の人に、

「日本スキー界の帝王と呼ばれた社長に、あんな生意気に逆らったのはおまえひとりだ。みんなぶったまげていたぞ」

といわれました。

あのとき社長の申し出をすなおに受け入れていたら、もしかしたら競技で使うスキーの道具の提供だけでなく、海外の大会を転戦する資金も出してくれたかもしれません。

けれども、自分が納得のいく道具を使いたい、という一心で支援の申し出を断り、その結果、友人、知人から集めた餞別程度の金を頼りに、まるでヒッチハイクのような旅でアメリカの大会に参戦することになりました。
若かったですね。「自分の道は自分で切り拓くんだ！」というギラギラした思いしかありませんでした。

アメリカのスキー場に着いても、そのときはなんと自分がはく競技用のスキー板もスキーブーツも持っていなかったのです。

さて、どうしようかな……と。いま考えると怖いくらい楽観的です。

その会場には、さすがにプロスキー選手権だけあって、いろいろな世界的スキーメーカーのお偉いさん方が来ていました。

その中で「フィッシャー」という会社の社長に直談判をしたら、運よくスキー板とブーツを提供してくれて、それで出場することができたのです。

当時、フィッシャーのロゴが一番かっこいいと気に入っていましたし、世界大会で活躍している選手に道具を提供している会社でした。へたくそな英語で懸命

にお願いをしたら、向こうも喜んでくれて、
「ＯＫ！　そこまでうちのスキーをはきたいといってくれるなら使ってもらおう。逆に、おまえさんのような、いきのいい若い選手を探していたくらいだよ！」
と。

自分なりにこだわった選択は、ほかにいくつもありましたが、やはりあの当時が何もかも「自分流」にもっともこだわった時期かもしれません。

とことん「自分流」を貫いたために、ヒッチハイクのような貧乏旅行を強いられたりしました。けれども、結果的には世界トップクラスのスキー道具に巡り合ったり、世界トップクラスの選手たちと出会ったり、私のその後のスキー人生をつくるうえで重要な時期だったと思います。

人生においては、「こうと決めたら一直線」というのがとても大事なときがあります。若いときだけではなく、歳を取ってからでも、こだわり抜いて、自分の

感覚を信じることが重要な場面はたくさんあります。もちろん、その結果、多少苦労することになるかもしれません。

でも、信じてやった結果が成功すれば、妥協したときと比べて、喜びは半端じゃなくなるはずです。「最後はよりよい結果が巡ってくる」ことを信じて進む、人生にはそんな局面があるのです。

―準備―
プロセスを「おもしろがる」のが成功へのカギ

登山というと、頂上へのアタックばかりがクローズアップされますが、それはプロジェクトの最終局面にすぎません。

たとえばエベレストのような海外の大きな山へ遠征に行く場合は、まずは「資金」それから「用具」、そして「メンバー」と、この三つの準備がしっかりできたかどうかでほとんど決まります。

そして、無理のない全体的な登頂計画を立て、それを詳細なスケジュールに落とし込み、必要な食料なども割り出す。そうした「準備」を万全にやって、はじめて遠征をスタートさせることができます。

この準備をおろそかにすると、中途半端な準備で遠征に出なければなりません。そうすると、ほとんど、うまくいきません。

前項で、二〇代後半のぼくがはじめてアメリカのプロスキー選手権に挑戦したときの話をしました。資金もない、道具もない、サポートメンバーもいない、というほとんど思いつきに近い状態で出発しました。競技用スキーをはじめ、あらゆるものを現地で間に合わせたわけです。

まさに「運」がよかったといえますが、それは、スキーレースだったからです。山と冒険の世界は、そうした「運」にまかせるような曖昧さが一切通用しません。準備不足は、自分自身も、そしてチームのメンバーの命も危険にさらすことにつながります。ビジネスの世界でも準備不足で失敗することはあると思いますが、山や冒険の世界でのそれは、リスクの大きさが半端ではありません。

イタリアの「キロメーターランセ」という世界で一番速いスキーヤーを決めるスピードスキーの大会に出場したことがあります。

オリンピックとはまた違った意味で、子どものころからこの大会に憧れていました。なにしろ、スキーをはいて時速一〇〇km以上出すなんてスリル満点で、夢のようじゃないですか。

その準備のために、ぼくは、防衛庁（現・防衛省）の航空装備研究所を訪ねました。どうやったら勝てるスピードを出せるか、それを知りたくて専門家の話を聞きにいったのです。

ああいう研究所に勤める専門家は、やはり変わった人が多いのか、「なんかヘンなヤツが訪ねてきたぞ」とおもしろがってくれました。いろいろ話しているうちに、「じゃあ風洞実験をやってみよう」ということになり、ぼくは航空機をデザインするための風洞実験室に生身で入った最初の人間になりました。

スキーで時速一〇〇㎞を超えていくスピードを出すには、いかに空気抵抗を減らすかが重要です。その点、風洞実験はとても有意義なものでした。

この実験でさまざまなヒントをつかんだぼくは、はじめて参加したキロメーターランセで、時速一七二・〇八四㎞という当時の世界新記録を樹立しました。一九六四年冬、三二歳のときです。

その二年後には、富士山を直滑降しました。富士山の大斜面を直滑降するのはいいけれど、時速百数十㎞以上のスピードからどう停止するか——。そこで、ぼくは「パラシュート」をブレーキに使うことを思いつきました。もちろん当時、世界でも前例がありません。

パラシュートは、アメリカのドラッグレース（スピードを競うモータースポーツ）のゴールシーンを見て、「これをスキーに応用できる」と思ったのがきっかけです。

このときも例によって防衛庁の航空装備研究所を訪ね、「今度はパラシュートをブレーキにして富士山を直滑降したい」という話をしたら、それもまた「いや、おもしろいじゃないか」と。

ちょうど小型ロケットの実験が終わったばかりで、回収用のパラシュートがあるとのこと、富士山直滑降に必要なサイズを計算するとぴったりでした。

さっそく、そのパラシュートを持ってきた所長が、「三浦君、廊下で実験しよう」ということで、準備を整えて廊下に出て、すぐさま実験開始です。

「走れ！」といわれてぼくがダッと走ると、廊下でパラシュートがぱーっと開き、ちょうどそこに、勲章をいっぱい付けたお偉いさん方が廊下の角を曲がってきてハチ合わせ。「まったく何ごとだ！」……って、もう漫画のような世界でした。

そのあとは、猪苗代スキー場で実験したり、残雪の立山で練習したり、ああでもないこうでもないと試行を重ねつつ、そのうちに「ああ、これなら使える。大丈夫だ」と実感できるようになりました。

そこまで準備の過程はなかなか時間も体力も手間もかかって大変でした。でも

「ああでもない、こうでもない」と議論しながら改良していくのは楽しくもありました。準備が整うほどにどんどんおもしろくなりました。

「準備」には、そういう側面があります。コツコツとそのプロセスをおもしろがりながら周到に準備を重ねていく。そうすれば、不安要素がいつの間にか自信に変わってくるのです。

いくつになっても挑戦し続けよう、と本書で何度も訴えかけていますが、歳を取ってからの挑戦は、より用意周到な「準備力」が必要です。ですから、「コツコツとそのプロセスをおもしろがりながら周到に準備を重ねていく」というのは大事なポイントになると思います。

八〇歳でエベレスト登頂を目指す。ぼくがこう宣言したときには、誰もが「それは無茶だ」と思ったはずです。

失敗したら死ぬかもしれないし、不安は大いにあります。だいたい八〇代になると、やれ腰が痛い、心臓がおかしいと「やめる理由」はいくらでもあるのです。

みなさんも、何かに挑戦しようというとき「やめる理由」はたくさんあるでしょう。年齢のこと、お金のこと、環境のこと、家族のこと……でも、本当にそれでいいのでしょうか。

「やめてしまって、本当に後悔しないか」と自分に問いかけてください。「やらない理由」より「やるための条件」を探していくのです。すると「これとこれはできるんじゃないか」「こうすればできるんじゃないか」という小さな可能性が見つかってきます。

それをどんどん拾い上げて、プロセスを楽しみながら積み重ねていくと、どこかで「やれる！」と思えるようになる。自信が、確信に変わる瞬間です。

そうすれば、行動することができるはずです。

決断

あらゆる判断には「忍耐力」が不可欠である

進むべきか、引くべきか。山や冒険ではその判断、決断の連続です。仕事でも生活でも、進むべきか、引くべきかの判断、決断を迫られる機会はあらゆる局面でやってきます。ただ一般社会ではその判断、決断が命にまで関わることは少ないでしょう。しかし山や冒険の世界では、それが生死に直結してくるのです。

天気や気温の変化、雪崩の起こる危険性、予定日数と残された時間、食料の残量……といったさまざまな条件を考慮しながら進むか引くかの判断、決断を行なう。進むべきときに進まなければ登頂の可能性はなくなり、引くべきときに引かなければ自分の生命は終わりかねないのです。

大きな山に遠征する場合、登山は長期間に及びます。悪天候などで行動できない日が必ず出てきます。そんなときは、ベースキャンプで、あるいは登山中の前進キャンプのテントの中で何日か過ごします。山の世界ではこれを「停滞」と呼んでいます。

停滞の原因の多くは悪天候ですが、体調不良で休息が必要という場合もあります。いずれにせよ、わが身に危険が及びそうなときは、コンディションが好転するまで待つ。それがセオリーです。さまざまな条件をしっかり見きわめて、「やるか、やらないか」の判断、決断をします。

南極に行ったときには、ブリザードが過ぎるまで、クレバスの中に掘った雪洞で二日間停滞しました。なにしろ、外は人間なんか簡単に吹き飛ばされるほど猛烈なブリザードです。引き返すことすらできません。

そのときは「動かない」という判断をしました。「一切、行動しない」と決断をして、雪洞の中でひたすら天候回復を待ちました。

七〇歳で挑んだエベレスト登頂では、標高六〇〇〇mの第二キャンプでほぼ一週間の天候回復待ちでした。ほかの隊のテントが潰れたり飛んだりするほどの強風でしたが、運よくわれわれのテントは無事でした。

ただ一週間の停滞生活は長かった。日中は昼寝をしたり、外へ出られそうなタイミングがあったらちょっと散歩して、また風が吹いてくればテントでじっとしていたり。

そうやってなんとか停滞生活をやり過ごしていると、スズメのような小鳥が飛んでくることがあります。テントからパンの欠片（かけら）を出して、呼んだり遊んだりしながら、なんとか退屈をしのいだものです。

その後も、八〇〇〇ｍの第四キャンプで二日間の停滞、八五〇〇ｍの第五キャンプでも二日間の停滞をしました。リスキーな八〇〇〇ｍ以上の高所で合計四日間を動かずに過ごしました。

酸素の希薄な八〇〇〇ｍという場所では、そこに居るだけで、何もしなくてもどんどん体力が削られます。周囲の別の登山隊は早めに撤退していったのですが、ぼくらのチームは撤退しないで粘ることにしました。

もちろん、食料や燃料、酸素などが、停滞できるだけの十分な量があったからです。というよりも、最初からこのことを想定し、全部計算したうえで臨んでいたので、余裕を持って停滞することができたのです。

無線からは、「これ以上は危険だから下りたほうがいい」という声が何度も届いてきました。もちろん、食料や燃料、酸素がなくなってくれば、撤退しなければなりませんが、それらが十分にある限りは頂上アタックのチャンスが必ず来る、と判断し、停滞すると決断したのです。

そしてその後、登頂に成功するわけですが、山や冒険においては、進むべきか、引くべきか、納得のいく判断、決断をするためには、「待つ力」や「忍耐力」というものが必ず必要になってきます。

これは、ビジネスなんかでも、あるいは人生のあらゆる場面での判断、決断でも同じではないかと思います。「急いては事を仕損じる」という言葉があるように。

シニアのみなさんの場合でも、何かに挑戦するプロセスにおいて「やるか、やらないか」の判断、決断をするとき、やはり「待つ力」や「忍耐力」というものがカギになってくることもあると思います。

運

この世には、「運がいい人」がたしかに存在する

これだけははっきりといえます。

ぼくは非常に運がいい人間だ、と。それは結果論かもしれませんが、ぼくはそう信じています。

雪崩に巻き込まれたり、滑落したり、クレバスに落ちたり……。エベレストでもどこでも、自分の力だけではどうしようもない、一歩間違えたら命を落としていた、というような経験がどれほどあったことか。

でもそのたびに、なんとかぼくは命を拾ってきました。もしかしたら、とてつもない大きな力がぼくを守ってくれたのかもしれないと思っています。

「運が悪い」という言い方が妥当かどうかはわかりませんが、植村直己さんは厳冬期のマッキンリー（現・デナリ）の登頂を目指して帰ってきませんでした。

彼は南極大陸横断のためにテストのひとつとして、ムーンブーツという極地作業用ブーツを履いてマッキンリーに挑戦していたんですね。ただ、この靴は柔らかいため、アイゼンを付けてもすぐに外れるわけです。それを無理して履いていった結果、アイゼンが外れて滑落したのではないか、といわれています。

実験をするなら、何かほかのタイミングを選ぶべきだったと思うんですが、それが不運の大きな要因だったというわけです。

北極圏にある標高二六〇〇mのバーボーピークは北極点に近く、地球上で最北の山といわれています。

一九七八年、ぼくらはそこを滑るために、カナダ極地飛行隊の着陸脚にソリを付けた双発機に乗って近くの雪原に着陸し、そこからスノーモビルで進んで、さらに登った先にベースキャンプをつくりました。

そこから登山を開始。いよいよ頂上から滑って帰ってくると、それからブリザードがはじまりました。

二日、三日経っても吹雪は収まらず、食料がどんどんなくなっていき、いよいよピンチに陥りはじめたとき、風が弱まったタイミングで救援の飛行機がやってきました。

でも「いま到着した」という無線が入って、上空からの音はするけれども、吹雪に邪魔されて姿が見えないのです。そんなときにたまたま、山頂近くの稜線から光が差し込みました。そこで無線で飛行機に位置を伝え、結果的にうまく誘導することができました。

本当に一瞬の晴れ間でした。奇跡のような瞬間です。そのチャンスをつかめたからぼくらは脱出できた。もしもあのタイミングで光が差し込まなかったとしたら、生きていくための食料も燃料も尽きて命を落としていたという状況でした。そういう意味では非常に運がよかった。

ぼくが、なかでももっとも幸運だったと思うのは、前にも述べた、エベレスト大滑降のときです。地上八〇〇〇mのエベレストサウスコルから滑り出し、四五度を超える氷壁を〝真下〟に向かって直滑降する挑戦です。

ぼくはイタリアのキロメーターランセで時速一七二㎞の直滑降を経験していますが、このエベレストの氷壁は、スタートからわずか数秒で一八〇㎞を超えるという試算でした。そこで、これも前に述べた、富士山でも使ったパラシュートをブレーキに使いました。

ところが、実際にパラシュートが開いてもスピードはたいして変わりませんでした。八〇〇〇mの高所は空気が希薄なため、これまでのような制動効果が得られなかったのです。

おまけに、蒼氷の壁は波を打って荒れていて、カミソリのように研いだはずのスキーのエッジもまったく受け付けてくれません。スキーのエッジが利かず、パラシュートも利かず、ぼくはスピードを制御する手立てをすべて失いました。絶望的な状況です。

そんなとき、乱気流を受けてパラシュートに引きずられはじめたと思った次の瞬間、ぼくは転倒していました。氷の壁を背中に感じながら落ちるにまかせるしかありません。

このままではあと数十秒で、氷壁下の氷の割れ目にたたき込まれる……。確実に逃れられない死に向かってカウントダウンを刻みながら、ぼくは、「人生とは夢だったのではないだろうか」などと考えていました。

と、そのとき——。岩に衝突して、時間が止まったのです。気がつくと、岩の下の斜面にうつぶせになって張り付いていました。岩に跳ね飛ばされ、落ちた斜面に溜まっていた雪がうまくクッションになってくれたのです。

スタート前には、あれにぶつかったらえらいことになるぞ、と注意していた岩です。乱気流のおかげでパラシュートが引きずられていなければ、コースが変わらず、岩に向かうこともなかった。急峻な氷壁を真っ逆さまに滑落していたはずです。

しかも、ぼくを受け止めてくれた斜面の雪も、わずか三〇㎝ほど。「よくぞ止まったものだ」と、幸運に感謝しています。

こんなふうに、いくつもの偶然が重なって、ぼくは生かされました。生きているということは、もう一度自分に会えるということです。本当に生きていることを確かめたくて、ぼくは腕で雪をたたき、ヘルメットを被った頭を二度、三度氷にぶつけていました。

そのとき、ぼくは思いました。自分の知識や準備、努力だけでは通じない世界がある、と。

ただただ運よく助かったとしかいいようがありません。でもそれは、矛盾するようですが、もしかしたら自分の知識や準備、努力が功を奏し、運を引き寄せた結果なのかもしれないのです。


これまでの長い人生で、大なり小なり「ただただ運がよかった。助かった」と思えるような経験をした方は少なくないはずです。

ただそこには、自分なりの知識や準備、努力が功を奏し、運を引き寄せた可能性が高いのです。

自分なりの「運の法則」のようなものを考えてみるのも、いい人生の後半をつくることにつながるのではないかと、ぼくは思っています。

直感

うまくいかないときこそ「勘」を大切にする

これも南極の話になります。

三〇〇〇m級の未登峰の山頂直下まで登り詰めたときのこと。四十度以上の雪の急斜面をふうふういいながら三時間くらい登ったところに、雪のテラスがありました。「あ〜、やれやれ」ってことで、ひと休み。

テラスの先は同じような急斜面が続いており、そこからはロープを出して結び合うか、それともいままでどおりロープなしで登るかで迷いました。

ロープがあったほうが安全ですが、ロープなしでも行けそうでした。それにロープがないほうがはるかに行動しやすいわけです。

そこでぼくら三人はロープを付けずに登ることに決めました。

「それじゃ、行こうか」と立ち上がり、ぼくは先頭で歩き出そうとしたとたん、踏み出した足をもう一回もとに戻して、こういいました。

「やっぱりアンザイレン（ロープを結ぶ）しよう」

と。

こうして三人はロープを結び合って登ることにしました。より安全な登り方を選び直したわけです。

問題はそのあとです。今度こそ歩き出そうと、一歩を踏み出した瞬間、ドーンと足元が崩れました。気がついたら、ぼくはクレバスの中に落ちていました。すごいショックで、ボーンと振り子のように振られています。

ひょっと見たら、仲間のひとりがぼくの四、五m上でぶら下がっている。二人がクレバスに落ちた瞬間に、三人目の仲間がとっさに反対側の斜面に飛び込んでぼくらを確保してくれなかったら、三人とも奈落の底でした。

ヒドゥンクレバスといって、降雪に覆い隠されていたクレバスです。見た目は同じような白い雪の斜面ですから、どこにクレバスがあるかもわからず、踏み抜いて転落してしまう。クレバス転落事故の多くはこれが原因です。

「三浦さん、なんて勘がいいの!?」

と二人の仲間は驚いていました。

「いやいや……。なんとなくね」と、ぼくは答えていましたが、そのとき「虫の知らせ」があったのです。もちろん、はっきり予見していたわけではありませんが、とにかく「ロープを結んだほうがいい」と感じたわけです。それが命を救ってくれたのです。

人に説明できない、自分でも理解できない、何か小さくて不思議な心の動き。

それを「勘」と呼ぶのかもしれません。長年、冒険の世界に身を置いていると、「虫の知らせ」に敏感になります。そういう「虫の知らせ」みたいなものは、やっぱり無視してはいけないのです。

ぼくは北大の学生時代から、山岳部やスキー部の仲間たちの中でも、ある意味、一番慎重派でした。みんなが「行ける、行ける！」といっているのに、「いや、今日はやめて、ここで停滞しよう」なんていい出すのは決まってぼくでした。実際、停滞した翌日に進んでみると、真新しい雪崩の跡があった――なんてこともありました。たしかに「勘がいい」といえるのかもしれません。

ところが不思議なことに、山ではよく働くこういった勘も、街の中で働いたためしがありません。もっとも、街の中ではそんなに危険な目に遭ったことはないんですけどね。

ということで、ぼくの場合は間違いなく、山に入ったときに野性的な勘が冴えてくる。それはおそらく、冒険的なことを求めて山に入ったときには、常に周囲に気を張って、集中力を保っていることが影響しているような気がします。

ぼくには山での危険を事前に察知する「勘」が働きますが、それは技術者でも営業職でも、あるいは芸術の分野に携わっている人でも、何か自分の専門的なことに集中しているときには、なんらかの「勘」が働くのではないでしょうか。だから「直感」をもっと大事にしたほうがいいと思います。

とかく歳を重ねると、知識や経験が増える分、あれこれと頭で考えてしまいますが、何か物事がうまくいかないときは、自分の勘にすなおに耳を傾けて行動してみるほうが好転することも多いように思います。何か突破口が開けるかもしれませんよ。

限界

最大の敵は、いつも「自分自身」

「最大の敵は自分自身」

とは、よくいったものだと思います。

山や冒険の世界では、自身の体力や能力、思考力をフルに使い、そこに自然のコンディションも加わってくるわけですから、「もうこれ以上は無理だ」「これはもう限界だ」ということはずいぶんありました。しかし、どうにかこうにか、なんとかクリアしてここまで生き延びてきた——というのが実感です。

では、その「限界」というものは、どのあたりにあるのか。

これはもう、その人しだいです。体力や能力、思考力によって違ってくると思いますが、やはり体力や能力、思考力があればあるほど、限界は上げていけるのだと思います。

何かひとつのことをやろうと思った場合、さまざまな体力や能力、思考力が必要とされます。それを高めるような努力や工夫も。

でも、これがまた難しい問題で、死に物狂いで頑張らなければと思えば思うほど、そのプロセスを想像するだけで怖じ気づいて行動に移せなかったり、途中までやっても諦めてしまったりする。矛盾しているようですが、「頑張ろう」と思うことがむしろ限界を決めてしまう大きな要素になるんですね。

ぼくの場合も、七〇歳を過ぎてエベレストに挑戦しようとしたときには、とても苦労しました。年齢も年齢ですし、体力は確実に衰えている。それに若いころと違って、気持ちも昔ほど燃え上がりません。これをなんとか、もう一度火をつけなければと思えば思うほどあせってしまい、「やはり限界なのかもしれない」と弱気になってくる……。

そんなときに、助けとなったのは、九九歳でモンブランのバレブランシュ氷河をスキーで滑ったぼくの父、三浦敬三の言葉です。父は一九〇四年（明治三七年）という明治生まれの男でした。

二〇〇三年二月、父がバレブランシュを滑るときは、ぼくもスキーで同行しました。

シャモニーの街から標高三八四二mのエギュー・ド・ミディ峰までロープウェイで一気に上がり、そこから氷河まで歩いて下るまでが、まずはひと苦労です。父はロープで確保されて、慎重にクライムダウンし、氷河に降り立ったところでスキーをはきました。そこから滑り出して、長い長い氷河をそれこそ体力の限界を超えて、とうとう最後まで滑りとおす父を目の当たりにしました。

ホテルに帰ってからは、取材だのいろいろあったのですが、それらを全部終えて夕食前にお風呂から上がってきた父はひとことと——。

「今生の別れのつもりで滑った」

と。

これが自分の人生最後の、もう死んでも悔いはないという気持ちで、命をかけてやり遂げたのだと、ポツンといったわけです。

ああ、なるほど。人間っていうのは、こうやって命をかける覚悟を持って事に当たれば、九九歳になっても何かを成し遂げることができるんだな、と。父の「覚悟の言葉」には感動しました。

そして、この言葉が、ぼくのその後のスキー人生、冒険人生において何度も限界を超える助けとなってくれたのです。

2章

ぼくの「アンチエイジング」法

体

「自然」がぼくを強くしてくれた

子どものころのぼくは、体が強いほうではありませんでした。

小学生時代には病気で何度か入退院を繰り返しています。ちょうど戦争中から終戦直後の食糧難の時代で栄養失調もあったし、医療も薬もいまほど充実していなかったこともあったのでしょう。

父は当時、農林省の役人で営林局の仕事をしていたから、父の勤務地が変わるごとに家も転々と移っていました。

ぼくが生まれたときは青森営林局にいて、冬になるとよくスキーに連れていってくれました。

子どものころのぼくは弱虫だったようで、スキーの選手で山男だった父は、弱虫で体の弱い息子をなんとか鍛えようと、仕事の合間を見つけてはぼくをスキー場や山に盛んに連れ出していたようです。

父の転勤によって、青森から仙台に移り住みました。父は仙台郊外にあった有名な農場の経営を引き受けたことで、ぼくら家族も農場の中に住んでいました。広瀬川の上流の自然が豊かな土地で、近所の山や川はぼくの格好の遊び場になりました。

ただ、自然の中で遊びすぎたためか、学校の成績は下がる一方。旧制中学への進学を危ぶんだ両親は、師範学校付属の小学校に転校させ、仙台の市内に下宿して家庭教師もつけられました。

そこから猛勉強で成績も徐々に上向いたのですが、慣れない下宿生活と勉強によるストレスがたたったせいか、ぼくは「結核性肋膜炎」という病気にかかってしまいます。何度も入退院を繰り返し、六年生のときは半分も学校に行ってなかったと思います。

それもあって、中学校の入学試験を受けたらみごとに落第。当時は義務教育ではなかったので、一年間学校に行かずにブラブラ遊んでいました。

ぼくは事実上、農場長の息子です。仙台の師範学校付属小に通っていた優秀なはずの〝お坊ちゃま〟がまさかの落第——ということで、周囲の見る目もどことなく冷淡で、自分自身も大いに劣等感を抱くことになったのです。

そのころ、ぼくら家族が住んでいた官舎は広大で、敷地内には馬小屋までありました。

ぼくは一年間学校に行けませんでしたけど、広い農場を遊び場代わりに自然の中を駆け回る毎日でした。

官舎の裏の藪の中に秘密基地のような小屋を建てたり、木に登ってみたり、畑仕事を手伝ってみたり、湖でいかだをつくって乗ったり……。学校から友達が帰ってくれれば追いかけっこしながら、自然の中で夢中になって遊んでいました。

ただただ、思うままに遊んでいるだけです。でも、そうしているうちに、体力はどんどんついてくるし、自分の病気のこととか、落第したコンプレックスとか、そういうものがいつの間にか吹き飛んでいました。

自然の中で夢中になって遊ぶ。

子どもにとって、これがいかに大事かということですよね。

中学校には一年遅れで入学しました。農場から東北本線の駅までは四㎞。それこそ当時はスニーカーなんてないので、毎日下駄を履いて駅までガラガラと歩き、そこから汽車通学。駅から丘の上の学校までは二㎞くらいありました。帰りもまた汽車通学です。ちょうど駅前に映画館があって、時間があれば必ず潜り込んで、映画を観て喜んでいました。

青森でスキーを覚えたぼくが、本当にスキーに興味を抱くようになったのは、この仙台郊外の農場に引っ越してからでした。仙台は冬の寒さは厳しかったのですが、雪がほとんど降りません。青森で生まれ育ったぼくにとって、雪のない冬がこんなに淋しいものだとは想像もできなかったのです。

そんなわけで、はるか遠くに見える山々が白くなると、もういてもたってもいられません。父が休みになるとスキー場に連れていってくれる日を待ちわび、その日が来ると夢中になって滑りまくるようになったのです。

「自然の中で夢中になって遊ぶ。子どもにとって、これがいかに大事か」と先にいいましたが、これは大人にとっても同じ。歳を取っても同じ。都会に住んでいても、少し足を延ばせば、自然豊かな場所があります。

自然の中に入っていけば、心が癒やされ、整い、元気が湧いてくるはずです。本書のテーマである「チャレンジ精神」も大いに育ててくれます。

環境

「景色」を変えれば人生も変わる

ぼくが札幌に住まいを移したのは、一九七二年の札幌オリンピックの翌年ですから、いまから五〇年ほど前のことです。

北大時代は札幌で暮らしていましたが、その後は北海道から生まれ故郷の青森に戻り、スキー武者修行時代は各地を転々としていました。

プロスキーヤーになってからは都内に住んだり、茅ヶ崎や江の島に近い海辺の街に長く暮らしたりしたこともあります。

ふたたび札幌に戻ってきたのは、札幌オリンピックのアルペンスキー競技会場跡地を再開発してスキー場にする計画のためでした。

札幌市郊外の手稲山（ていねやま）では、男女の回転と大回転という二つのアルペンスキー競技が行なわれました。そのオリンピックコースをできるだけ活かしながら、世界に通用するスキー場としてよみがえらせる。いまでいうところの、オリンピックのレガシーですね。

そのために、ぼくはアドバイザーとしてコースレイアウトづくりに参画しました。雪のない時期から山に入って歩き回り、いろいろな調査も行ないました。そうしてできたのがテイネハイランドスキー場、現在のサッポロテイネスキー場です。

それまでの仕事や遠征のベースはほとんど都内でしたから、札幌に来てからはまさに環境が一変しました。

市内にある家の近くに藻岩山(もいわやま)があり、家から歩いてすぐのところで、山登りや体力づくりができます。

もっとも東京にいても、もちろん山登りはできますが、普段の生活の中で自然と親しめるのは札幌ならでは。山が身近にありますから、ちょっと時間があれば気軽に行って帰ってくることができる。これは大きかった。

冬の間はほとんどスキー場の住まいで暮らしていたので、冬の間中、毎日スキーです。これはスキーの技術向上に最適でしたし、それ以上に体力づくりにもってこい。また、毎日のように冬の寒さに体をさらすことで、寒さに慣れ、寒さに強い体になります。

吹雪でリフトが止まっても、スキーに登行用のシールを貼り付けて、頂上まで登ってから滑り降りてきたりとか、よくやっていましたね。

自然の中で行動することで山や雪を知り、楽しみながらトレーニングができる。もちろん、大好きなスキーですから毎日滑っても飽きることはない。そういう意味では、スキーを仕事とするぼくとしては、これ以上ない環境です。

考えてみれば、七〇歳でエベレストの登頂に挑戦したのも、札幌の環境と無縁ではありません。

標高八八四八mのエベレスト登頂に目標を定めたぼくは、まずは小手調べにと、二五kgほどの荷物を詰めたザックを背負って、わが家の目と鼻の先にある藻岩山に登ることにしました。

札幌市街の西端にある藻岩山は、標高五三一m。山頂には展望台があって、散歩やウォーキングも盛んな市民憩(いこ)いの小さな山です。

いきなりの挑戦だけど、こんな丘みたいな山だからなんてことないだろう、と甘く見たのが大きな間違い。いざ登りはじめてみると、メタボの六五歳はハーハー、ゼイゼイと息を切らし、途中ですっかりバテてしまったのです。

これではいかん、と大反省したことで、かえって火がつきました。これが七〇歳、七五歳、八〇歳と、三度にわたるエベレスト挑戦の最初の一歩になりました。

ぼくは札幌に引っ越したことで、スキーと、自然とともに暮らす生活を手に入れました。

環境ということでいえば、暮らす土地もそうですが、仕事や職場、趣味の世界など、身のまわりにはさまざまな環境があるでしょう。いつもの環境を少し変えてあげるだけで、気持ちの持ちようや、毎日見る景色まで変わってくるはず。

年齢を重ねていたって、いい機会があれば、思い切って環境をガラッと変えてみるのはおすすめです。人生が一変することだってあるのですから。

トレーニング
「歩く」ことがすべての基本

トレーニングの原点は、山ごもりで体を鍛えた武者修行時代にあります。

北大スキー部時代を経て、日本のアルペンスキー界から追放されたことをきっかけに、日本アルプスの立山にこもりました。

歩荷(ぼっか)の仕事に入れてもらって、毎日荷物担ぎの仕事です。本格的に足腰が強くなっていったのはこのころからです。

歩荷とは、背負子(しょいこ)に重荷を担いで人力で運ぶ仕事で、強力(ごうりき)とも呼ばれます。立山では主に山小屋の食料や燃料などを荷揚げしました。

少ないときで四〇から五〇kg、多いときで一〇〇kgもの重荷を背負ってひたすら山道を登り、山小屋で荷物を下ろすと、帰りは羽が生えたように軽々と駆け下ります。

仕事を終えてちょっと昼寝をしても、まだ日没までは時間がある。そこでふたたび山道を駆け上がり、グルッと稜線を走って帰ってくる、ということを夢中になってやっていました。いまのトレイルランニングの元祖ですね。

やはり、重荷を担いで山に登る歩荷の仕事と、空き時間のトレランが、ぼくにとっては一番いい足腰のトレーニングになりました。

その後、アメリカに渡って世界プロスキー選手権に出場するのですが、日本のスキー界を追放されて以来、スキーレースから三、四年遠ざかっていたにもかかわらず、世界のベスト3まで食い込めたのは、この歩荷とトレランのおかげです。

五〇歳を超えてからは、「歩く」ことがトレーニングの基本になりました。

ランニングは脚への負担が大きいんですね。とくにぼくは膝を痛めていたものですから、走ると必ず膝が腫れました。

ということで、もうトレーニングはできない体になってしまったのかなと落ち込んでいたのですが、あるとき、本を詰め込んで一〇kgくらいになったリュックサックを背負って、家のまわりを歩いてみたら、無理なく歩くことができました。「よし!」ってことで、それからだんだん歩く距離を延ばしていきました。

また、当時は、東京・原宿に事務所があり、そこをベースに講演会などの仕事もしていました。たとえば、新幹線で東京駅に帰ってくると、タクシーに乗って、途中の赤坂で降りて、原宿まで歩く。それが〝エスカレート〟してくると、東京駅から原宿まですべて歩いてみたりと、トレーニングとして意識的に長く歩くことを自分に課しました。

重さも増やしていきました。背中にリュックサックを背負う代わりに、足首にアンクルウェイト(重り)を巻いて歩くのです。最初は片足一kgから二kgでしたが、徐々に三、四、五kgと増やしていき、最後は一〇kgにも挑戦しました。

これをぼくは勝手に「ヘビーウォーキング」と呼んでいます。

普段の仕事の行き帰りはもちろん、結婚式に出るときも、これは外しません。しっかりスーツを着込んでピカピカに磨いた靴を履き、でも人知れず、足首には重りを巻いているなんて、おかしな姿だと思うでしょうね。でも、日常生活すべてがトレーニングと考えていましたから。


そうこうしているうちに、年齢と反比例するように体力は上がってきて、膝が痛い、腰が痛いという痛みが、どういうわけか全部吹き飛んでしまった。「ヘビーウォーキング」は足腰の治療にもひと役買っていたというわけです。

おかげで、七〇歳からの三度のエベレスト登頂への挑戦のときも、とくにジムに通って特別なトレーニングを受けたわけではなく、すべてこの重りをつけて歩くトレーニングを基本にすることで可能になりました。

もっとも、重りは日々の体調に応じて変化をつけました。今日は疲れたから三kgにしようとか、今日は頑張って八kgにしようとか、その日の気分、コンディションしだいで決めていました。

ぼくはエベレストに登るという夢のために、重りをつけて歩きましたが、歳を取って足腰が弱ってきた人には、毎日歩くだけでも効果的だと思います。

とにかく、歳を重ねたら「歩く」ことがトレーニングの基本だと思います。

健康法

何事も「やりすぎ」は禁物

中高年になると、それこそ飲みすぎ、食べすぎ、運動不足がたたってきますよね。加齢によって体は徐々に衰えつつあるのに、若いころと同じように飲んで、食べて、不摂生を続ければ、当然、それは不健康のもと。健康には適度な運動が一番効果的で、それをサポートするために栄養のある食事をきちんと摂る。その相乗効果が基本になります。

とはいいますが、もともとぼくは、厳しい節制を心がけていたわけではありませんでした。いつも食欲は旺盛で、ビールは大好き。若いころは体力、元気があり余っていましたから、それでもよかったのでしょう。豊富な運動量で、過剰な摂取カロリーをしっかり消費していたのです。

ところが六〇歳を超えてくると、そうはいきません。

冬になれば毎日のようにスキーをしましたが、雪のない時期に体を動かすといえば、せいぜい、たまのゴルフぐらい。それでも、札幌はおいしい食べ物の宝庫のような街ですから〝デブ〟になることに努力はいりません。

テレビや雑誌などに引っ張り出されて、「プロスキーヤー」「冒険家」と紹介されるたびに、良心がとがめました。できることなら、若いころのようなスマートな体に戻りたい。そんな願望だけはありました。

よし、それなら明日からダイエットだ、やればできる！と思っている間に一〇年が経ち、気づくと体重は八〇kgを超えて、九〇kgも目前です。ぼくは身長一六四㎝ですから、もう正真正銘のメタボです。

そこから一念発起できたのは、「七〇歳でエベレストに登りたい」という大きな夢、目標ができたからにほかなりません。

当時、ぼくは六五歳。五年後の登頂から逆算すると時間はそれほどありません。それこそ富士山を走って登れるくらいの体力をつけなきゃ、という気持ちがあったことで続けられた。

結果的に、それがぼくの一番の健康法になったと思います。

ぼくの場合は、走るよりも、前項でも紹介した、足に重りをつけた「ヘビーウォーキング」です。

このスタイルをやり抜いたことがよかったと思います。

歩くことは誰にでもできますし、体調しだいでは重りだってつけなくてもいい。気の向いたときに歩き出せばいいし、無理する必要もない。

歩き終わったときの心地よい疲労感は格別です。体がリフレッシュするような気分に包まれ、また明日も歩きたいと思わせてくれます。

そうして体力がついて体重も減ってくると、体が軽くなって、スキーの調子もどんどん上がってきます。何をやっても元気に楽しめるから、人生そのものの次元が変わってきます。

ただし、やりすぎは禁物です。

ぼくにも経験がありますが、あせったり、急ごうと思ったりすると、どうしてもオーバートレーニングになり、結果として疲労が溜まって免疫が下がり、風邪をひきやすくなったり、病気の原因にもなったりします。

トレーニングを頑張りすぎて、膝や腰を痛めたり、また、病気になったりすると、「自分はもう歳なんだ……」と、どうしても悲観的な考え方になるのが中高年です。

その点ぼくの場合、ケガしたり、病気になったりしたら、「治す楽しみがある」

と考えるようにしています。これだけちゃんと治療、療養したのだから、

「明日はきっと、もっとよくなる」

って。

まあ、楽天的なんですね。

でも、とかく悲観的になりがちな中高年にとって大事な心がまえではないかとも思うのです。

老い

「挑戦」こそが、最高のアンチエイジング

二〇〇八年五月、ぼくは七五歳にして二度目のエベレスト登頂に成功しました。その翌年二月に、スキーで転倒し、長期の入院を余儀なくされました。氷の斜面に腰から叩きつけられたぼくは、左の大腿骨の付け根と骨盤を四個所も骨折して病院に運ばれました。生まれてはじめての救急車でした。

七〇歳を過ぎて大腿骨を骨折すると、一〇人に三人は寝たきりになるといいま

す。そのうえ骨盤四個所も割れているぼくは、そのとき七六歳。絶望的な状況です。

けれども、ぼくは病院のベッドの上で「う～ん」と痛みをこらえながら、どうやったら、いち早く骨がくっつくかを考えていました。一切の身動きができず、寝返りを打つにも何人かの看護師さんの手を借りなければならなかったときに、です。

ぼくが復活への希望を捨てなかったのは、八〇歳で三度目のエベレスト登頂を目指す、という大きな目標を掲げていたからです。

それにプラスして、「なんとかなるんじゃないか」という、生来からの楽観主義が後押ししました。

ぼくの八〇歳でのエベレスト登頂は、「老い」への挑戦でもありました。目標を掲げて、そこに挑戦することで、気力と体力を向上させる。そう、挑戦こそ、最高のアンチエイジングなのだ、ということを証明するためのチャレンジです。

これはあとから聞いた話ですが、じつは家族やスタッフたちはホッと胸をなで下ろしていたそうです。「八〇歳でのエベレストは無理だろう。これで諦めてくれるだろう」と思ったといいます。

幸いだったのは、骨の折れ方がよかったため、手術を避けることができたこと。手術となれば、深く筋肉を切るために、回復までは長いリハビリが必要になります。でも、自然治癒が望めるなら、早い復帰も期待できます。

こうしてぼくは長い入院生活を覚悟しました。

けれども、ものは考えようです。

「エベレスト八五〇〇mのキャンプに比べたら……まるで天国だ」

と。

ぼくは一か月間、寝返りも打てない完全看護状態だったのですが、考えてみれば、エベレストのテントだって、狭くて寝返りはなかなか困難です。

「デスゾーン」と呼ばれる空気の希薄な高所で、氷点下三〇度で吹雪に叩かれる環境では、人間なんて簡単に死んでしまいます。

それに比べれば、病院の柔らかいベッドはなんて快適なんだろうと思いますし、何かあればナースコールで、親切でかわいらしい看護師さんが飛んできて、なんでもやってくれます。天国のようじゃないか、と。

東京から孫たちも見舞いに来てくれるし、普段はなかなか会えない北大時代の友人、知人も来てくれます。

入院も、なかなか捨てたものではありません。

次に考えたのは、いかに一刻も早く復活するか、ということ。

そこでまずは、次男の豪太に頼んでトレーニング用のゴムチューブと、三kgくらいのダンベルを持ってきてもらいました。

まだ歩けないけれど、運動をして血液の循環をよくしようと考えたのです。腰から下は動かないけれど、寝ながら手は動かすことができましたからね。

また、家内に頼んで、骨をつくるカルシウムやビタミンCを含んだ副食を用意してもらい、栄養素を補うサプリメントも積極的に摂りました。病院の食事は栄養バランスに優れたものでしたが、それ以上に早く、しっかり骨をくっつけたかったのです。

医師の見立てでは、「最低でも三か月は絶対安静」ということでした。

ところが、予想以上に回復は早く、一か月後にはリハビリを開始し、少しずつ松葉杖で歩けるようになってきました。

そうなればこっちのもの。こっそり病室を抜け出して、階段をのぼり下りしようとしたのですが、看護師さんに見つかって叱られ、松葉杖を取りあげられてしまいました。

でも、そうこうして三か月後には退院して仕事に復帰することができました。

もしもエベレストに登るという目標がなかったら、入院した時点でぼくはいろいろなことを諦め、車椅子生活になっていたかもしれません。

夢には大きな力があります。

年齢は関係ありません。

七〇歳だろうが、八〇歳、九〇歳だろうが、困難を乗り越えるための気力や知恵を授けてくれて、前進するのを「後押し」してくれるのです。

ぼくはその「夢の力」に後押しされて、みごとに復活を遂げることができたというわけです。

持病

不整脈を乗り越えた、ぼくの「年寄り半日仕事」作戦

二〇〇三年に七〇歳でエベレスト登頂に成功し、次は七五歳でふたたびエベレストに挑戦という段階で、不整脈が発覚しました。

不整脈、正確には「心房細動」という心臓病ですが、この問題はやっかいなものです。

医者がいうには、心臓の電気系統がショートして、心房が細かく震えて血液が溜まり、これが固まって脳に飛べば脳梗塞で、心臓なら心筋梗塞を起こすそうで

す。


そのときぼくを診察してくださった先生は、こういいました。

「とうてい、エベレスト登山なんて無理です。勇気ある撤退が必要です」

経験豊かな心臓専門医としては、当然かつ非常に理にかなったアドバイスです。

けれども、そのときのぼくは、こう考えました。

心臓が悪いのにエベレストに登りたいと医者に相談するのは、あの家に空き巣に入ってもいいですかと警官に訊いているようなもの。止められるに決まっている、と。

それでぼくは、病院から帰りのタクシーの中で、息子にこういったのです。

「世の中には変わった医者もいるはずだから、エベレスト登山に賛成してくれる専門医を探してきてほしい」

と。

そうしてぼくは、幸運にも、「大丈夫です。エベレストに行けます!」と確信を持っていってくださった先生方に出会うことができました。

七五歳、八〇歳と、心臓病を抱えながらもエベレスト登頂に成功しました。これも心臓病の名医と巡り合えたおかげだと感謝しています。


エベレストというのは「第三の極地」と呼ばれるほど過酷な環境ですから、多少の無理をしないで登れるような山ではありません。寒暖差は大きく、酸素の量は地上の三分の一。難所を乗り越えるときには、心拍数は一八〇くらいまで上がります。


けれども、無理をすれば、やはりそれは心臓の負担に直結します。

実際、ぼくはオーバートレーニング、つまり、やりすぎたことで不整脈がひどくなり、エベレスト出発前に二度のカテーテル手術を受け、帰国してからも数年の間にさらに二度の手術を必要としました。

普通の人なら、せいぜい一度か二度ですむところが、エベレストに挑戦したおかげで、四度の手術を受けているわけですね。

当然ながら、八〇歳でのエベレスト挑戦では、できるだけ心臓に負担をかけない登山計画が求められました。

そこで実践したのが、「年寄り半日仕事」作戦。昔からのことわざのように、年齢なりに体を休めながら前進する計画です。一日をフルに行動するのではなく、半日働いたら半日は休む、ということです。

たとえば、ベースキャンプまでのキャラバンでは、いままで一日がかりで歩いた行程に、二日をかけました。朝早く出発して、昼には目的地に着く。こうしてゆっくり体を休めるわけです。

その結果、これまでの日程よりも一週間近く遅れましたが、不整脈はでないし、時間をかけて高度を上げたおかげで高度順応も順調、足腰もいままで以上に丈夫になって――と、いいことずくめです。

逆に、ペース配分もあまり考えないで、ともかく頑張ろう、の一点張りでは心臓に限らず、体力的にも大きな問題を抱えたことは間違いありません。

もっとゆっくり歩こう。

もっとたくさん呼吸をしよう。

結果的に、これが八〇歳でエベレストに登頂できた一番の要因です。

「年寄り半日仕事」作戦は、もちろんエベレスト登山に限った話ではなく、何をする場合でもひとつの指針になります。ぼくと同じ高齢者のみなさんにも、ぜひ日ごろから取り入れてほしい心がけです。

食事

三浦家秘伝のスペシャルドリンクを教えます

ぼくは食事で基本的に苦手なもの、嫌いなものはなく、なんでもおいしく食べられるほうです。

しいていえば、できるだけ「体にいいもの」を食べる。パンはできるだけ全粒粉、ごはんなら四分づき、五分づき、できれば玄米。白いパンや白米ではなく、なるべく精白していない自然に近いものを食べるようにしています。添加物にも注意しています。インスタントラーメンにも手を出しませんね。

日本は味噌や納豆などの発酵食品や、海藻類も含めて、健康食に恵まれた国です。それがある意味、世界の長寿国のひとつである理由だと思います。

若いころは何を食べてもよかったし、よく飲みすぎ、食べすぎ……、まあ、いまもときどきやっていますけどね。

「六〇歳を過ぎたら、腹八分目よりも腹七分目がいい」なんて医者の先生はいいますが、ぼくは腹七分目どころか、ときどき腹十二分目まで食べて、「しまった！」なんてやってます。

もちろん、食べ方に気をつけるだけではダメで、とくに中高年の健康の源は食事、運動、睡眠の三点セットだというのを忘れないこと。これにプラスして「目標」の、計四点セットです。

日本人は勤勉すぎて、標準体重だの、検査結果の標準値だのを気にして、これに合わせようとしすぎる傾向があるようです。

ところが、これがかえって高齢者の栄養失調を招く原因になったりもします。その結果、骨がもろくなったり、筋肉が弱くなったりすることも。標準体重になろうが、やせようが、元気とやる気がなくなったら何も意味はない。やはり、人生は元気モリモリ、やる気に満ちていないといけません。

二〇歳を過ぎると、一年に一%ずつ、筋力が落ちるといわれています。そうなると、七〇歳で何もトレーニングしていなければ、若いころの半分くらいの筋力になってしまうわけです。

ぼくの父は九〇歳を過ぎても山岳スキーを続けていましたが、ある段階から体力の衰えを感じていたといいます。

「ああ、歳だな」と思って諦めかけていたようですが、あるとき、食事や食べ方に問題があったんじゃないか、と気がついたのです。

それまでは、朝ごはんは納豆、魚、玄米。これを最低五〇回から一〇〇回くらい噛む、なんてことをやっていました。昼はあまり食欲もないから、サツマイモをゆでてひと切れくらい。これをずっとやっていたら、山に登る体力がなくなってきたといいます。

そこで父が考えたのが「スペシャルドリンク」です。牛乳とヨーグルトを大きなグラスに一杯ずつ。それにゴマの粉と、きな粉をカップ一杯くらい。味つけにハチミツと黒砂糖。さらに……ぼくは面倒なのでやっていないのですが、父は卵を酢に一か月くらい殻ごと漬けてブヨブヨになったものを加えます。

これを、朝食のあとに、大きなグラスで一杯。残りは冷蔵庫に入れておいて、昼にサツマイモを食べたあとに飲むのです。

父のこのスペシャルドリンクは、高齢者に不足しがちなたんぱく質やミネラル、植物脂肪、カルシウム、乳酸菌を補ったのです。そんな食生活を続けていたら、だんだん体力がついてきて、山に登っても元気になりました。

ぼくは旅行や外出が多いものですから、朝食はできるだけ自分の家で食べるようにしています。基本的には納豆、ヨーグルト、キムチ、できればステーキ。

以前、加山雄三さんと対談したときに、朝食の話になりました。彼のことは学生時代からよく知っていて、よく札幌でスキーを一緒にしていました。

その加山さんは、いまでも朝食にステーキ三〇〇gを食べているといいます。若大将の元気の素はそこにあるのかな、と。

ぼくもいまでも肉が大好きですが、「三浦君、歳を取ったんだから、いいかげんに、肉は控えて、野菜と魚を中心にした食生活にしたほうがいいよ」と友人たちは忠告してくれます。でも、そういう彼らは、年々元気が薄れているように見えます。

まあ、これは好き好きですし、無理してステーキを食べる必要はありません。でも、高齢者は、たんぱく質をしっかり摂ることは心がけてほしいと思います。

そして、どうせ食べるなら、やはりおいしいもの、食べたいものを食べて、幸せになることが一番。その意味では食べ物は、体と心のパワーの源だと思います。

ルーティン

〝ずぼら〟な人たちへのアドバイス

ぼくはもともと〝ずぼら〟なほうで、早起きや規則正しい生活は苦手でした。できれば規則正しい生活を心がけたいのですが、なかなかうまくいきません。仕事での移動も多かったですし、必ず決まった時間に起きるということが難しい。読書が好きで、気がついたら夜中まで読んでいたり、朝まで書き物をしたりすることもよくありました。

それでも中高年になってからは、「運動」だけは欠かさず、日課にしてきました。

朝起きて、軽く体を動かし、朝食をすませたらひと休み。それから時間があるときは、家から近い山に登って——という感じです。膝や腰に負担をかけないよう、あまり走ることはせず、運動するならやはり軽い山登りやハイキング。これが一番です。

夜は早寝です。とくにこのごろは夜八時になると眠くなってくるので、夜中に目を覚ましてもいいから、眠くなったら寝てしまいます。

で、夜中にふっと目を覚ますと、「あ、まだ一一時だ」ってことで、しばらくテレビなんかを観ていると、またすぐに眠くなる。そんなことの繰り返しです。

テレビ番組は、歴史やドキュメンタリーなどでおもしろい番組があると、やはり夢中になって観てしまいますね。

歴史や文化など、日本の大事な要素を映像で詳しく、わかりやすく紹介してくれる。ぼくにとって、すごくためになります。それはＮＨＫの番組に限らず、民放の番組でもです。とはいっても、最近のテレビ番組はくだらないお笑い番組も多いんですけどね。

コロナ禍前までは、講演のために全国各地へ旅することも、ある意味、ぼくにとっては大事な「ルーティン」でした。

移動の新幹線の中では、たいてい読書。目が疲れたら車窓からの景色を眺めたり、うとうと眠ったり。

海外に行く国際線の中では、できるだけ寝るようにしてきました。時差の問題もありますし、向こうに着いてからの行動に支障が出ないことが重要です。

たいてい食事をして、ワインを一杯飲んだら、あとは眠れるだけ眠る。ぼくは飛行機の中でも比較的よく眠れるほうです。機内の映画はそれほど観ません。一度、映画を観たらおもしろすぎて、つい寝損なってしまって、現地に着いて難儀したことがありましたから。

出張先では早起きして、朝食の前に街を散歩するのが常です。たとえば、熊本に行ったら、朝起きて広い熊本城の中を歩き回る。それが楽しみでした。

どこの街でも、どんな村でも、すばらしいところは多くあるので、講演の合間に自ら歩き回って旅先のよさに触れてきました。招待されることも多く、ありがたいことに、おいしいものもずいぶんご馳走になりました。

……と、とりとめのない、コロナ禍前までのぼくの日常のことを書きましたが、このように、ぼくは非常に気ままに、ありのままに生活をしていた感じです。

歳を重ねたら、とくにプライベートの時間においては、あまり「ルーティン」というものに縛られすぎないほうがいいと、ぼくは思います。時間にも心にも余裕をもって自由に暮らしたいものです。

モチベーション

湧き上がってきた「好奇心」にフタをしない

ぼくの信条は、

「明日はきっと、もっとよくなる」

です。これはなにも体の病気に関してだけではありません。

七〇歳になってエベレストに挑戦したこともあって、よく「メンタルが強いですね」という評価をいただくことがあります。

でも本当は「強いメンタル」というより、いつも「なんとかなる」「きっとうまくいく」と信じているだけです。「可能性はいくつもあるのだから、それを信じて進んでいけばいい」というのが、ぼくの精神の根本にあります。

楽観主義ともいえるこの性格が形づくられたのは、基本的には子どものころの環境だと思いますが、やはり、一番大きな影響を受けたのは北海道大学に入ってからでしょう。前にもいいましたが、学生時代から「三浦はホラばかり吹いている」とよくいわれたものです。

北大では二人の親友ができました。のちに彼らは海外の大学で研究職に就き、それぞれノーベル賞クラスの実績を残すことになる優秀な学生たちでした。

ぼくよりはるかに優秀な二人ですが、同時に身近な友人ですからね。「あいつらにできて、俺にできないわけがない」という思いがいつも頭にありました。

ぼくが世界レベルに目を向けるようになったのも、そうした友人の大きなスケールがよかったのかなと思います。

当時の北大の雰囲気も大きかったですね。まさに、「ボーイズ・ビー・アンビシャス」を地で行くキャンパスのムード。時代は終戦直後で、しいたげられた戦争中の思いから、ものすごい勢いでポーンと解放され、世界へ飛び出す夢を持てる時代になったころです。非常にエキサイティングな青春時代と、そこに集まってきた仲間たちの影響を大いに受けて過ごした北大時代でした。

ぼくの場合は、スキーや冒険の世界で、まだ誰もやったことのないことをやってみたい、というのが若いころからの大きなモチベーションでした。その結果として、富士山やエベレストで直滑降をしたり、高齢者になってからエベレストに三度登頂したりすることができました。

振り返ってみても、ぼくの場合、夢を見て、目標を持つことが最大のモチベーションになったということができます。

とはいえ、いつも、諦めないでやる気を持ち続けるのは、そう簡単なことではありません。

やる気を持続させるクスリでもあれば一番なんですが、ぼくの場合は、やる気を持って取り組んでも三日坊主で終わったり、「いや、こんなはずではなかった」という見当違いで後悔したりの連続でした。

でも、三日坊主でもいいからとにかくやってみよう、ということが意外と大事なんじゃないかと思います。三日坊主も一〇回繰り返せば「三〇日坊主」くらいにはなっているはずです。

人間というのは、いやいやながらでも少しずつ取り組んでいるうちに、「ここまでやったのだから」「もったいないから」と、続けてみようという気になるものです。これはトレーニングでもダイエットでも、あるいは勉強についても同じことがいえるんじゃないかなと思います。

モチベーション、動機を持ち続けるのは難しいことですが、それにはひとつコツがあって、うまく続けられたときには、ときどき自分にご褒美をあげるといいのです。

たとえば、ぼくの場合は、何かうまくいったこと、いいことがあったときは、古い友達がやっているステーキレストランに行って一kgくらいのステーキを焼いてもらって食べることなどでした。

いずれにしても、「もう歳だから……」なんていわず、やってみたいと思ったことがあるなら、チャレンジしてみればいいと思います。三日坊主になってもいいじゃないですか。ダメならやめればいいし、やりたくなったら、またやればいいんです。

せっかく湧き上がってきた好奇心にフタをしてしまってはもったいない。好奇心こそ人生をおもしろくする、楽しくする、豊かにする源泉なのですから。

そして、チャレンジしてみて、うまくできたり、いいことがあったりしたら、何か自分にご褒美をあげてみてください。

―プレッシャー―
見栄をはらず「あるがままの自分」でゆく

ぼくが思うに、「プレッシャー」というのは、「心の中の空白」みたいなものじゃないかと思います。

燃える心があれば空白はできないし、いざ行動をはじめてしまえば、無我夢中で頑張るものです。そうなれば「プレッシャーを感じているヒマもない」のです。

だからむしろ、気をつけなければいけないのは、行動する前です。行動していないからこそ、プレッシャーはどんどん強まっていくわけです。

一九七〇年の「エベレスト大滑降」のときは、登攀隊員と撮影隊で三三人、荷物を運ぶポーターが八〇〇人ほどで、キャラバンの列は先頭から最後尾までは数㎞に及ぶかと思えるほど。当時のお金で三億円を集めた大々的な遠征隊でした。

もしも、これが成功しなかったら、ぼくは世界レベルの冒険家ではなく、世界レベルの詐欺師ということになります。

当然、大きなプレッシャーに押しつぶされてしまいそうな状況ですが、そうはなりませんでした。なぜかといえば、「絶対にやれる、やるんだ！」と心に強く思いながら、最初からキャラバンの先頭を切って歩いていたからです。動き回っていたからです。行動し続けたからです。

エベレストの氷壁をパラシュートをつけてスキーで滑るなど、世界の誰も考えなかったことです。四五度以上の急峻な氷壁をはたしてスキーで滑ることができるのか、空気の希薄な地上八〇〇〇mではたしてパラシュートは開いてくれるのか、制御できるのか……。

考えれば考えるほど、プレッシャーに押しつぶされそうになります。

でも、こんなふうにも考えました。万が一死んだとしても、エベレストが自分の墓だと思えば、あんなすごい墓は世界中探してもない。こんなに贅沢なことがあるだろうか、と。そして、そう覚悟を決めたら、あとは余計なことを考えずに、準備のために動き回りました。

プレッシャーといえば、各地の講演会に呼ばれるようになってからも、人前で話すことなどにはあまりプレッシャーを感じなかったほうです。たとえば、一〇〇〇人くらいが集まる国際会議場だったとしても、あまりプレッシャーは感じません。むしろ「これはいいチャンスだ」と思うようにして準備のために行動しました。

もっとも、ぼくは三〇代のころから「スキーの話をしてほしい」と請われて、あちこち飛び回っていましたし、人に会って話をするのは好きなほうでした。多少体調が悪かったり、乗り気でなかったとしても、いざ人前に出てしまえば、そんなことをいっているヒマはありません。

若いころから物怖じせずにスポンサーになってくれそうな企業の社長に会いに行けたのも、自分がやりたいスキーの遠征を絶対に実現させるという目的があったからです。

人と会うときは、自分のスタイルが一番いいですね。「自然体」でいいんじゃないですか。へんにかっこつけようと思うからプレッシャーを感じてしまう。見栄を張る必要はないし、自分を大きく見せる必要もないし、もちろん偉ぶる必要もありません。

ぼくが心がけているのは、どんな相手にでも敬意を持って接すること。たとえ年下だったとしても、自分よりもはるかに優れている人や、すばらしい人は多いわけです。敬意を持って、あるがままの自分で接する。それが年配者の心得として、ぼくは大事だと思っています。

感情

いつも「自分」に集中していれば、怒りも、妬みも消える

ぼくは小さいころから、あまり怒ったり、ケンカしたりしない子どもだったと思います。他人から怒りを向けられたり、妬まれたりするのも嫌でした。

怒りをはじめとするネガティブな感情は誰にでもあるものですし、これに振り回されない方法も、人それぞれにあるでしょう。

ぼくの場合は、感情がネガティブになりそうなときは、もっとひどい目に遭ったり、もっと苦しんだりしている人がいっぱいいる、ということを思い浮かべる

ようにしています。

「それに比べれば……」と考えれば、自分の不安なんてちっぽけなものだと思うようになっていきます。

ある意味、こんなかたちの一種のすり替えも有効な方法ではないかと思います。

それでも相手に怒りを覚えたりすることはあるのでしょうが、多くの場合、自分と相手を比べて、そうした感情を起こしてしまうのですね。

だから、自分が何かに集中していたり、懸命に頑張っていたりすれば、人のことはあまり気にならないし、怒りなどのネガティブな感情に振り回されることはないのではないでしょうか。

大事なことはいつも自分にフォーカスしていることです。

もっとも、「怒り」が発奮材料になることはあります。

「怒り」を前向きに変換し、逆境や困難を越えてやろうというパワーが発揮されるなら、怒りもまんざら無駄ではない。怒りが自分を違った次元に押し上げてくれるわけですから。

何度も書きましたが、ぼくは若いころに日本のスキー界から追放されました。非常に理不尽な話ですが、半分は空気を読まずに正論を述べた自分の失敗でもあると考えています。

「怒り」というよりは、「途方に暮れた」というのが正しいと思いますが、「何かもっとすごいことを実現してやるぞ」という気持ちになりました。

ただ、すぐにはその方法が思い当たらず、日本アルプスの立山にこもって、夢中になって歩く、走る、を繰り返しているうちに、幸いなことに、それからまた自分の新しい人生が開かれたということです。

小さいころから山や川で遊び、冬になれば八甲田山や蔵王に登ってスキーに夢中になり、北大時代は何日もかけて北海道の山に登りました。そうやって若いころに大きな山で無我夢中になって行動してきたので、ぼくは山の中での行動を通して感情のコントロールを身につけたといえるかもしれません。

中高年に限らず、若い人でも、何かネガティブな感情に支配されてしまいそうになったり、悩みや不安でいっぱいいっぱいになったりしたら、山に行け、とアドバイスしたいと思います。

自然の大きさに対して、人間の感じることや、考えることなんて、ほんのちっぽけなものでしかないことに気づかされるでしょう。そして心が整っていくはずです。自然は人を強くしてくれます。

3章

九〇歳、人生を愉しむコツ

［スキー］

いくつになっても、「上達する」のは最高の喜び

スキーはわが三浦家の「本業」であり、「家業」のようなものです。滑ることは本来大好きで、そしてスキーはぼくの仕事であり、趣味であり、そして人生でもあります。

ぼくが生まれてはじめてスキーをはいたのは、三歳になったころだったそうです。青森市で生まれたぼくは父に連れられ、いまは世界文化遺産に登録された三(さん)

内丸山遺跡近くの丘を滑って転んで遊んでいました。

小学校二年生になると、役人だった父の転勤で弘前市に引っ越しました。家は桜で有名な弘前公園の外堀から五分くらいのところにあり、雪が降るとスキーを持ち出して、お城の坂道をくねくね滑って遊ぶのが日課になりました。

父も役所の仕事が終わると、板をかついで坂道をのぼり、公園の電灯を頼りにスキーの練習に励んでいました。そのうちに、父のスキー仲間たちが集まってきて夜遅くまで夢中になって滑ります。

そんな父の姿を憧れの眼差しで見ていた記憶があります。練習が終わると、今度は家に集まってきて、ああでもないこうでもないと、熱っぽいスキー技術論がはじまります。ぼくは眠い目をこすりながら、わかるような、わからないような大人たちのスキー談義に聴き入っていました。

中学生になると、父に連れられて岩木山や八甲田山の山を滑り、スキー選手となってオリンピックを目指しました。

アマチュア選手としては挫折したことで、二〇代中盤からはプロスキーヤーとして、スキーが仕事になって、現在に至ります。

考えてみたら、スキーをはじめてかれこれ九〇年近くになりますが、大病を患い、八カ月の入院を余儀なくされた八七歳の冬以外は一度もスキーをしなかった冬はありません。年がら年中、雪があればスキーで滑るものだと信じて疑いませんでした。

スキーの楽しさは言葉では表せないものがあります。白い雪が降り積もったこの世のものとは思えない景色に、キンと冷えた空気と粉雪の匂い、自分の体ひとつで滑るスピード感……。一度体験したらもう後には戻れない魅力に満ちています。

その中に、「上達する」という喜びがあります。

ぼくは若いころからスキースクールを主宰してきました。スキーを仕事にするにはスキースクールが早道です。毎日欠かさずスキーをして、それでお金がもらえる。それはスキーヤーにとって夢のような仕事です。

自分のスキー学校には「スノードルフィンスキースクール」と名づけました。鳥が空で自由に飛ぶように、イルカが海で自由に泳ぐように、雪の中を自由に滑り回れるようになりたい、という思いが込められています。

日本のスキー学校は、どちらかといえば頭でっかちなところがあって、スキーの技術を難しくとらえがちです。

でも、何も難しく考える必要はありません。はじめてスキーをはいた人が、次の日からはみるみる上達していく姿をたくさん目にしてきました。とくに子どもたちの上達ぶりには目を見張らされます。

頭で考える大人と違って、子どもたちは楽しいことが一番ですからね。難しいことを教えなくても、雪の斜面を自由に滑りまくるだけで自然とスキーが上達します。

ぼくは冬になると毎日のようにスキーをしてきましたが、上達したかったから、いつもどんなときでも、ひとつのターンでもおろそかにしませんでした。

上達すればするほどスキーは楽しくなり、その先にはまた新しい世界が開けます。そうやって何十年もスキーを続けてきたわけです。

いまでも忘れられないのは、七〇代になってからの父が、毎晩のようにステンマルク選手のビデオを観て、ターンテクニックを研究していた姿です。

ステンマルクというのは、アルペンスキー競技で圧倒的な実績を残した世界的なスキー選手です。

父は、そのステンマルクのスキー技術を解説したビデオを購入し、それこそ毎晩擦り切れるほど観て、自分のスキー上達に役立てようと研究していたのです。

たとえば上体の動きや、ターン弧の描き方など、彼の高度なスキーテクニックを少しでも理解しようとしていました。

繰り返しますが「七〇代になってから」です。

スキーが上達することは、雪の上で自由になることです。そしてそれは年齢を問わず、スキーヤーにとって最高の喜びなのではないでしょうか。

そして、スキーに限らず、そして年齢に限らず、仕事でも趣味でもなんでも、何かが昨日よりも今日上手になる――。

いかがですか、若いころに夢中になっていたこと、やりたかったことを、またはじめてみませんか。その達成感と喜びは、元気と若々しさ、自信と活力をあなたに与えてくれるはずです。

山

「頂上に立つ」ことだけがすべてではない

山に登る理由はいろいろあると思います。それこそ、一〇〇人いたら一〇〇通りの答えがあるかもしれません。


かつて、イギリスの登山家ジョージ・マロリーは、

「なぜ、あなたはエベレストに登るのか?」

と記者から問われ、

「そこにエベレストがあるからだ（Because it is there.）」
と答えたという逸話は有名ですね。

それから何十年後に、
「もう何百人も登った山に、なぜ大金をかけてまで挑むのか？」
と質問されたアメリカ登山隊は、答えに窮してこう返したといいます。
「まだ、そこにエベレストがあるからだ（Because it is still there.）」

プロスキーヤーのぼくが、なぜ七〇歳を過ぎてからエベレストに登ろうと思ったかというと、「まだ登ったことがなかったから」というのも、あながち冗談ではありません。

ぼくがエベレストの氷壁をスキーで滑ったのは一九七〇年の春。三七歳のときです。そのときは八〇〇〇mのサウスコルがスタートでした。

以来、エベレストの「頂上」に登りたいという思いは、いつもぼくの夢のどこかにありました。

歳を取るごとに、すり減ったり消えたり、あるいはシャボン玉のように弾けて消えたりする中で、エベレスト登頂は最後まで残った大きな夢でした。

地球のてっぺんエベレストの頂上に立つなんて、究極の道楽だし、それができたらこれくらい贅沢な人生はないわけです。


もともと、ぼくは「滑るため」に山に登っていました。

日本で最初にスキーリフトが誕生したのは終戦後で、進駐軍のために架けられたリフトでした。それまで、つまりぼくが子どものころは、「スキー場」という名前がついていても、雪の斜面を歩いて登って滑るのが普通だったのです。

父に連れられて、はじめて蔵王スキー場に行ったのは小学校四年生のときでしたが、いまのスキー場よりもずっと下にバスの終点があり、そこから温泉街までは荷物とスキーを担いでテクテク歩いたものでした。

樹氷で有名な蔵王のゲレンデには、いまのようにリフトもロープウェイもなく、山スキーのように斜面を登って滑るというスキーでした。

その後、大人になってから八甲田山や岩木山を滑るときも、富士山やエベレスト、南極の最高峰に挑戦したときも、当然ですがリフトはありません。したがって、ぼくのスキーはいつも登山と一体だったのです。

そして、中高年になってからは、エベレストの頂上に立つことが人生最高の目標になりました。

「これができたら最高だ」と思えることに、スキーも登山も違いはありません。

いくつになっても登ってみたいと思える山は、世界中にまだまだあります。

エベレストのトレーニングでヒマラヤのチョー・オユーという八二〇一mの山に登ったことがありました。そのときは、途中で「しまった!」と思ったんです。

なぜなら、山頂付近は緩やかな斜面が長く続いていて、「なんだ、スキーを持ってくればよかった」と思ったわけで、やはり、ぼくはとことん「スキーヤー」なんだなと思いましたね。

登山の魅力、醍醐味は、人生にたとえることができます。

歩き出す前の麓(ふもと)では、不安と期待が入り交じります。登るにしたがって苦しくなります。途中でやめたくなることもあるでしょう。

途中でハーハー、ゼイゼイとあまりに呼吸が苦しくなったら、少しペースダウンしたほうがいいですね。でも、立ち止まることなく、どんなにゆっくりでも、一歩一歩でも足を前に出していれば、いつか山頂に到達します。

苦労や困難を乗り越えて山頂に立てば、視界は一気に開け、その達成感はどんな言葉をもってしても言い表せません。

いつの時代でも、山は人間のチャレンジ精神の発露の場であり続けるのです。

三浦家の場合、オヤジから孫たちまで親子四代で山とスキーを楽しんできました。山が好きで、山を歩くことが大好き。そこにスキーが加わっているわけです。

それは非常に有意義なことですし、少なくとも、街でブラブラ、家でごろごろしているよりは、はるかにすばらしい時間を過ごしてきたと思います。

いまは中高年で登山を楽しむ方が多いようですが、すばらしいことだと思います。

もっとも、若いころのようにガンガンと登ることはできませんし、途中で山頂を諦めなくちゃいけないこともあるでしょう。

でも、登山というのは「プロセス」を楽しむことが大事で、なにも頂上に立つことだけが目的ではありません。

そうやって、「無理なく安全に、息の長い」山登りを存分に楽しんでいただきたいと「同志」たちにエールを送ります。

読書

「本」がある限り、人生に退屈はしない

東京にいるときには、少し時間があると新宿まで行って、シネマコンプレックスに一人で入って映画を観たりしていました。

観てよかったなという映画もありますが、それを趣味といえるほどではなく、まあ、暇つぶしの延長で映画を観ているという程度です。

何かをコレクションしたり、盆栽を育てたりといった趣味もありません。では

「一番の趣味は?」と問われれば、やはり「読書」です。

ぼくは山に登ったりスキーを滑ったりするのが好きですが、部屋にこもって読書するのも案外、好きなんです。本は若いころからずっと読んできました。いまもぼくの部屋には、まだ読んでいない本や、もう一回読み直したい本が山積みになっています。

一回読んだ本でも、時間を置いて読むと、「あれ、こんなことが書いてあったのか」という新たな発見もあります。非常におもしろいものですね。

本を選ぶときは、新聞の書評を読んで、「ん、これは読みたい、読まなきゃいかん」というときもありますが、基本的には書店に行って、あれもこれもと手に取ってちょっと読んでみて、気に入った本をいつも五、六冊買って帰ることになります。

これまで、ありとあらゆるジャンルの本を読んできました。旅や冒険、登山に関してのノンフィクション的なものが多いですが、とくに開高健(かいこうたけし)さんの本は好きでした。『ベトナム戦記』のころから開高作品にはまり、旅行のときにはいつも持ち歩いて、夢中になって読みました。

『オーパ！』も好きな作品です。釣り竿かついでアラスカから南極まで旅する紀行文。釣り竿をスキーに置き換えて、自分の冒険と重ね合わせて読んだりしました。

以前は、毎日三時間くらいは本を読んでいました。悪いクセで、おもしろくなったら徹夜をしても読み切ってしまうことも。読書が最高の楽しみでした。でも、このごろはあまりそれがありません。本当におもしろい本に出くわしていないのかもしれませんね。

本を読むときに、とくにメガネは使っていません。老眼ではないし、裸眼でも新聞の一番小さい活字が読めます。

視力的には〇・七くらいでしょうか。若いころは一・五ぐらいだったのですが、五〇歳を過ぎたら落ちたようです。運転するときにメガネがいるか、いらないかのギリギリくらい。以前、メガネをつくったことがあるんですが、ちょっと使ってみたらかえって裸眼のほうがラクだったので、いつの間にか買ったメガネが行方不明に、ということが何度かありました。それでも、本の細かい文字を読むにはぜんぜん苦になりません。

とにかく、シニアの人には読書はおすすめ。時間はたっぷりあるはずです。たいしてお金がかからないのもいいし、本がある限り退屈はしません。本を読むことで新しい世界に触れる「心の旅」ができる――。それが最高です。

執筆

〝アウトプット〟が、新たなる挑戦への力となる

前項で「読書」の話をしました。本は、純粋に自分の趣味、楽しみとして読んできましたが、それは読書好きだということ以外に、自分でも本を書くからです。

ぼくは若いころから何冊も本を書いたり、雑誌にエッセイを書いたりしてきました。

一冊の本を書くときには、最低でも五〇冊くらいの本を参考として読みます。

気になるところや、気に入ったところには忘れないように線を引いて、付箋をつ

けて、ということを繰り返しながら読みます。

自分の好きな読書を続けながら、原稿を書きながら、多くの考えるヒント、生きるヒントを得てきました。それが、ぼくの思考力を鍛えてくれたのだと思います。


ぼくが最初に本を書いたのは二九歳のときです。

山と溪谷社から出した『新しいスキー読本:はやくうまくなるコツ』と、その翌年の『スキーがうまくなる本』という、少々とぼけたスキー技術の本です。

どちらもスキーの技術書ですが、どうせならおもしろおかしく読めるように書きました。

というのも、当時のスキー技術書といえば、味も素っ気もない教科書みたいなものばかりで、はっきりいって、読んでもぜんぜんおもしろくない。おまけに先生方が書いた技術解説は、ぼくが読んでもさっぱり意味がわからないシロモノでした。

そこでぼくは、「読んで楽しいスキー技術の本を書いてやろうではないか」と思ったわけです。

文章を書くに際して、参考になりそうな本を集めて読みました。元プロ野球の選手やプロゴルファーが書いたベストセラーから、運動生理学や心理学の専門書、日本古来の武道の本まで読みあさったのです。

当時のぼくは、まだアメリカの世界プロスキー選手権に出場する前で、八甲田山や岩木山、日本アルプスの急斜面を命がけで滑り降りて、日本一のお山のスキー大将を気取っていました。でも、権威あるスキー連盟の先生方とは違って、知名度も肩書きも何もないただの田舎のスキーヤーです。

文章はいささかマンガじみたものになりましたが、ぼくとしてはきわめてマジメに当時の日本のスキー技術書に一石を投じたいと思い、そのためにはしっかり勉強して理論武装をしたというわけです。

日本を飛び出し、海外で挑戦するようになってからは、こまめに日記を書くようになりました。遠征するたびに「生きて帰れないかもしれない」と思っていましたから遺書のつもりで丹念に日記を書きました。それをのちにまとめて、単行本として出版しました。その最初の一冊が『エベレスト大滑降』で、自身の本の中ではこの本が一番好きです。

この本は思いがけず大宅壮一ノンフィクション賞にノミネートされたのですが「内容がユニークすぎる」ということで受賞には至りませんでした。

のちにアラスカからシアトルまでの飛行機の中で開高健さんとバッタリ出会い、「あれは惜しかったな。オレは推薦したのにさ」といってもらえたのがうれしかった。この本は、英語、フランス語、ドイツ語、ロシア語に翻訳されて世界でも発売されました。

いま読み返すと、文章はバラバラだったりしますけど、あの時期にしか書けないような熱気を感じます。

そこでみなさんにご提案ですが、みなさんも、何か書いてみてはどうでしょうか。べつに出版しなくても、これまでの長い人生で自分が経験したこと、考えたこと、学んだこと、身につけたことを文章にして書き出してみるのです。

すばらしい文章を書く必要はありません。思いつくままでもいいから、ともかく書いてみる。自由に書いてみる。すると頭の中が整理できるし、おもしろい発見、刺激的な発見があるかもしれません。それが何か新しい挑戦につながることもあるかもしれません。

そしてある程度まとまったら、それを再整理してみる。そんなことを繰り返していくうちに、自分にしか持てない世界観が広がり、それがまた、自分の人生を歩んでいく自信にもつながったりするはずです。

故郷

自分の「ルーツ」に、ときどき目を向けてみる

ぼくが生まれたのは青森市です。

父が役人でしたから、ぼくの子ども時代は引っ越しと転校の繰り返しで、弘前、仙台、東京、札幌と、「地元」と呼べる土地はずいぶんありますが、ルーツは青森市ということになります。両親を含めて先祖代々青森ですからね。

青森の家は市街地にあって、いまでいう二ブロック、三〇〇mくらい歩くと陸

奥湾の海岸です。

近くには青函連絡船の着く港もありましたが、ぼくの家のあたりはまだ砂浜で、岸壁をつくるための石が沖まで積んであって、石の間からカニが出入りしていたような、街中でありながら自然豊かな場所でした。

冬になると街は雪に覆われますが、あのころは除雪なんてしていなかったから、交通は全部馬ソリです。家の前を、馬がモウモウと湯気を立てながら荷物を運んでいる。そんな時代でした。

同じ青森県でも、青森市から弘前市に引っ越したのは小学二年生のときです。

それからは弘前城が自分の遊び場みたいなもので、石垣をよじ登ったり、サーカスが来ればテントの隙間から潜り込んでというのをやったりして、楽しい思い出ばかり。父に連れられて八甲田山や岩木山に行くようになったのもこのころです。

その後、家族は仙台郊外の農場に移り住みました。ぼくは猛勉強がストレスになったのか、結核性肋膜炎になって入退院を繰り返し、小学四年生のときは二学期をまるまる入院していたほどです。

そんなぼくに「回復したら蔵王に連れていってやるぞ」と父は励ましてくれました。樹氷の蔵王は当時でも有名で、スキーヤーには憧れの山です。暮れの学期末に退院したぼくを、約束どおり父は蔵王に連れていってくれました。

そのときの体験はぼくにとって、とても重要なものになりました。白い山々に囲まれ、樹氷の間を滑り抜けるスピード感と気持ちよさ。「ああ、スキーって楽しい！」と心から思ったのはそのときです。

中学二年生になると、東京に引っ越しました。京王線の聖蹟桜ヶ丘に農林省の研修所があり、父はそこの所長になったのです。

東京とはいえ多摩丘陵の山の中。夏になれば丘を下って多摩川で泳ぎ、冬に雪が積もればたっぷり積もった北斜面を探して、よくスキーをしたものでした。

研修所の副所長は京都大学山岳部のＯＢで、父と二人でよく登山に出かけていました。ぼくも穂高岳や白馬三山など北アルプスに連れていってもらいました。いまから思えば非常に恵まれた山歩きでした。

東京にいたのは中学三年までで、それからは青森に戻り、弘前高校に入学しました。そこで本格的にスキーに取り組むようになり、はじめて出場した「岩木山弾丸滑降レース」で運よく優勝して、高校時代は県の強化選手でした。

北海道大学を目指したのは、父が北大出身だったことと、北海道ならたくさんスキーができるだろうという程度の理由です。

受験のために札幌に一週間滞在したのですが、どうせ受からないだろうと、朝から晩までスキーばかりやっていましたね。それでも、どういうわけか合格です。もっとも、ぼくが通っていた弘前高校は青森県では一番の進学校で、ぼくもスキー合宿中に旅館の片隅で机を前に受験勉強ごっこをしていた記憶はあります。

青森がぼくの生まれ故郷ですが、暮らしている時間からすれば、いまも住んでいる札幌が一番長い。その意味では、札幌がぼくの第二の故郷です。

札幌は大都会でありながらクマは住んでいるし、冬になれば雪が降り積もり、郊外の山はどこでも滑れるようになる。ぼくにとっては、非常に恵まれた地元というわけです。

歳を取るにつれて「故郷愛」や「地元愛」というのは強くなるものです。

あなたの故郷、地元はどこでしょうか。もし、いまは離れて暮らしているのであれば、何かイヤなことがあったとき、つらいことがあったとき、あるいは毎日が退屈だ、マンネリだ、と感じたときなど、癒やしを求めに、刺激や活力をもらいに帰ってみてはいかがでしょうか。

評価

「他人の目」より、「自分のこと」に集中する

世間からのぼくへの評価は、ずっと毀誉褒貶が伴ってきました。

たとえば、パラシュートをつけて富士山を直滑降するといえば、あらゆるところから批判されました。新聞にまで「なぜ、こんなケシカランことをやるのだ」と書かれる始末です。次にエベレストを直滑降するというと、またまた批判の嵐。世界一のエベレストをスキーで滑るなんて邪道だし、「そんなことができるはずがないだろう」と完全に異端者扱いです。

とくに日本の山岳界からの反発は強く、実際、かなりモメましたし、意地悪もされました。まだ日本人登山家が誰もエベレストに登頂していなかったこともあり、彼らのメンツとプライドが許さなかったのでしょうね。

ぼくは、もともと「日本がダメなら飛び出してしまえ！」と世界への挑戦をはじめた経緯もあって、そうした日本の島国根性には右往左往させられないことが、むしろ自分のプライドでもありました。

一方、海外の連中はもっと純粋に、誰もやったことのないことに挑戦することそのものを評価してくれます。

これは七〇歳を過ぎてエベレスト登山に挑戦するようになってからの話ですが、あの世界的な登山家として知られるラインホルト・メスナーが、わざわざベースキャンプを訪ねてきてくれて、「あなたが、高齢でエベレストに登頂したという、あのミウラさんか。お会いできて光栄だ！」と本当に喜んでくれました。

ぼくは、国内でぼくに対するネガティブな声が向けられるたびに、「あいつらのいうとおりになるものか」と思ってやってきました。マイナス評価の批判そのものを刺激として、自分を駆り立てる要素にしてきたのです。

悪い評価に気持ちが引っ張られるのは最悪です。逆に批判の原因を分析してポジティブな要素に変えればいいのです。むしろ「いいアドバイスをもらえた」と思うくらい前向きな気持ちでやっていました。

批判を受けると、そのときは落ち込んだり、嫌な気分になったりします。当然です。でも、ぼくはあまり引きずることはありませんでした。

なぜかというと常に「行動」をしてきたからです。自分のやることに夢中になって取り組んでいたし、そのプロセスで起きる問題を解決するのに精いっぱいで、批判にまともに取り合う時間がなかったというのが本音でしょうか。

つまり、自分がやるべきことに徹底してフォーカスすることです。それがネガティブな意見をはね除ける一番のポイントではないかと思っています。

世間からのぼくへの評価は、ずっと毀誉褒貶が伴ってきたといいましたが、逆にうれしかったのは、「元気をもらえました」といってもらえたときです。「人が元気になること」に貢献できるというのは、ぼくにとって、なによりの喜びです。

沖縄で講演会をしたとき。終わると若いお嬢さん二人がぼくを待っていて、こういってくれました。

「うちのおじいちゃんは、なんのやる気もなくなってしまって、ボケる寸前だったんですが、三浦さんが八〇歳でエベレストに登ったテレビを観て、『よし、オレも頑張ろう!』と急に庭の手入れをはじめたんですよ」

それを聞いて、「あぁ、頑張ったかいがあったんだな」って思いましたね。誰かに元気を与える、やる気を与えることに役に立ったんだ、と。

そういう評価はとてもうれしいものです。人生の応援団のようなものになれたかなと、すなおに喜ぶことができました。

今後もぼくは、そういう存在であり続けたいと思っています。

三浦家

「夢」を追い続ける父から教わったこと

ぼくのスキー人生は、父・敬三の背中を夢中になって追いかけたことからはじまりました。

言葉で多くを教える人ではありませんでしたが、スキーに魅せられ、雪山を滑り続ける姿は、いつもぼくの憧れでした。

いつしかプロスキーヤーとして世界に挑戦するようになってからも、生き生きと、まるで少年のように夢を追いかける父に追いつけ、追い越せと、いくつになってもぼくの目標であり続けました。

母・むつは、おとなしい人でしたが、代議士の娘で、お手伝いさんを二人連れて貧乏役人の父のところに嫁に来たそうです。

祖父の小泉辰之助は、村長から県会議員、議長を経て国会議員になった人で、体が大きくて大酒飲み。酔っ払って天皇陛下の前で裸踊りをしたという豪快な伝説もある人でした。

そんな祖父はぼくを非常にかわいがり、「この子は将来大物になる」が口グセだったといいます。

幼いころから祖父の逸話を母に聞かされて育ったせいか、ぼくはどんな場所でも、どんな偉い人に対しても、卑屈になることなく胸を張ることができる人間になりました。この物怖じしない性格は、祖父からの隔世遺伝とよくいわれたものです。

祖父の政治家としての生き方に娘時代から接してきた母ですから、どこか腹がすわっていたのでしょう。ぼくが中学受験を失敗して落ち込んでいたときには、こんなふうにはげましてくれました。

「学校を一回落ちたくらいで何をめそめそしているの。あなたのおじいさんは一回選挙で落ちたら四年も浪人するんだよ。中学受験なんて来年もあるんだから、くよくよすることないでしょ」と。

そのあっけらかんとした母の言葉で、ぼくはようやく自分を取り戻せたのです。

父からも、進路についてあれこれいわれた覚えは一切ありません。

もしかしたら、北大の研究室を辞めなければ、いずれ国立大学教授になれたかもしれないのに、こいつはもったいないことをしたな、なんて心の中では思っていたかもしれませんね。

けれども、スキーでオリンピックを目指すというぼくの決心を父はよく理解してくれたし、元スキー選手で指導者でもあった父にとっても、やはりオリンピックはひとつの夢だったのかもしれません。

そんな父の夢は、息子の代では実現できず、ぼくの次男の豪太がモーグル選手としてリレハンメル五輪に出場し、孫の代になって、父の悲願は叶えられたというわけです。


父は典型的な公務員でした。スキーに情熱を燃やしながらも、定年までしっかり勤め上げた人です。

山岳スキーと、山岳写真の分野で大きな成果をあげていくのは、むしろ定年を過ぎてからです。それから一〇一歳で他界するまでに、多くの人に支えられ、かつ愛されながらスキーを続けました。

ただ不思議なことに、父の両親や兄弟をみても、みな六〇代後半で亡くなっており、三浦家全員に長寿の遺伝子があるわけではないようです。

スキーのためにトレーニングを続けてきたこともあるでしょうけど、やはり、最後まで「目標」を持って「挑戦」したことが大きかったと考えられます。

父は常日ごろから、

「一〇〇歳になる前にモンブランを滑りたい」

「一〇五歳までは滑っていたい」

と、いつも目標を持ち、スキーで滑り続けることを生きがいにしていました。

ぼくは父のおかげでスキーや冒険に情熱を傾ける人生を送ることができています。なにより「夢」や「目標」を掲げ、そこに向けて挑戦する生き方のすばらしさを実感しています。そして、それはいまなお続いています。

教育

「教える」よりも、「背中を見せる」のが大事

ぼくは長い間、ミウラ・ドルフィンズという会社の代表取締役を務めてきました。ですが、経営者として自分が何かを成し遂げたというよりは、逆に優秀なスタッフたちに支えられて、世界の山々を好きなように滑ることができた、というほうが正しいですね。

六五歳でエベレスト登頂への挑戦を決意するころは、すでに長女の恵美里に会社の代表を譲っており、おかげでぼくは準備とトレーニングに集中することがで

きました。

スキーも山も、仕事といえば仕事だし、趣味といえば趣味。これまでの人生はその連続だったわけです。


スキーヤーはスキーで滑ること、登山家は山に登ることが仕事ですが、遠征ではスポンサーを募ったり、帰国してから報告会をしたり、講演会をしたり、取材を受けたり、滑る以外の仕事もすごく大事です。

講演会は、それこそ日本全国、北海道から沖縄まで、多いときは一〇〇回以上の年もありました。ぼくにしかできない、非常にいい仕事をやらせていただいたと思っています。


講演会でお話しするのは、主に世界の山々での冒険の話です。七〇歳でエベレストに登頂してからは、健康やアンチエイジングというテーマも加わりました。

ぼくは幸運にも、世界七大陸の最高峰から滑り降り、地球のてっぺんエベレストの頂上に三度も立つことができました。

その現場の最前線で経験したこと、得られたことを多くの方に直接お話しする。それは「冒険のおもしろさ」「冒険の価値」を広く伝え、共有するための、非常に意義のある仕事だとぼくは考えます。


人前で話すことは嫌いではありませんし、若いころからあちこちで呼ばれていたから、講演は慣れたものです。昔は多くの大手商社や銀行にスキー部があったりして、よく呼ばれてスキーの話をさせてもらいました。

当時のぼくは「エバニュー」という山とスキー用品を扱う会社と契約していて、スキー用品の開発テストなどを行なう仕事をしていました。

その中の仕事のひとつに、エバニューが主催する「山岳映画の夕べ」というフィルム上映会のイベントがあり、登山家の芳野満彦さんとコンビで、ずいぶん全国を巡業しました。

芳野さんは、日本人ではじめてヨーロッパアルプスのマッターホルン北壁を登った有名なクライマーで、新田次郎さんの『栄光の岩壁』という山岳小説のモデルになった方です。

当時、ぼくと同じくエバニューの登山用品の開発テストを担当していました。この上映会の全国巡業のことは小説中でも描かれていて、ぼくも「田浦雄三郎」という名前で、プロを目指すスキーヤーとして登場しています。

実際に新田次郎さんとお会いしたときに、「三浦君のことも書かせてもらったよ」といわれました。新田さんから取材された覚えはないのですが、おそらく、芳野さんから話を聞いてまとめたのでしょう。

三〇年ほど前からは、クラーク記念国際高等学校の校長を務めてきました（現・名誉校長）。もともと北海道の深川でスタートした高校ですが、いまは全国にキャンパスがあります。

ぼくは実際に学校の現場で教えるというよりは、「シンボル的な存在」といったらいいのでしょうか。

総長の大橋博さんにいわせると、

「三浦さんは校長室にいるよりも、好きな場所で、好きなことに挑戦してほしい。その後ろ姿を生徒たちが見て、学ぶのです。やる気を起こすのです」

と。

卒業生の中には優秀な生徒が大勢いますし、スポーツや芸術にも力を入れていて、スノーボードのソチ五輪銀メダリスト、竹内智香さんも卒業生です。

ぼくの「挑戦」が生徒たちにいい影響を与えることができているなら幸せですし、逆に、ぼくのほうも若い人たちからたくさんのエネルギーをもらっています。とくに七〇歳、七五歳、八〇歳と三度のエベレストへの挑戦では、生徒たちからの見えない応援が、山頂に登るための大きな精神的エネルギーになっていましたから。

年齢を重ねると、とかく若い人たちに「何かを教えよう」などと考えたくなります。「自分の経験を伝えてあげたい」という気持ちはわかります。でも、肩肘を張ったら逆効果。それだと、説教臭くなって、空回りしてしまいます。

むしろ、自分自身が好きなこと、やりたいことにどんどん前向きに、積極的に取り組んで、その後ろ姿を見て、何か学んでくれていたらうれしい、そう考えるくらいのスタンスがいい。ぼくはそう思っています。

―家族―

「かけがえのない経験」をたくさん共有しよう

ぼくには三人の子どもがいます。

「ユウイチロウ」なんていうぼくの名前は、海外の人が舌を噛みそうな発音なので、娘には「恵美里（エミリ）」、長男には「雄大（ユータ）」、次男には「豪太（ゴータ）」と、世界中どこの誰でも無理なく発音できる名前をつけました。

ぼく自身もそうでしたが、うちの子どもたちも親の都合で引っ越しを繰り返すため、何度もの転校を余儀なくされてきました。恵美里なんて小学校を六回も転校しています。

そのうえ、「わが家の教育方針で、海や山、海外に連れていくため、学校を長く休ませることがあります」と宣言してから入学させていました。

少しぐらい学校の勉強が遅れたって、それは取り返すことができるはずで、それよりも大事なことがあると考えていました。

実際、一九七〇年の「エベレスト大滑降」が終わった三年後には、七〇歳の父とぼくの家内、中学生の恵美里、八歳になったばかりの雄大を連れて、エベレストの氷河を一家でスキーで滑る約二か月間の旅に出ています。

その七年後には、一一歳の豪太を加えて、親子三世代でアフリカ大陸の最高峰キリマンジャロ（五八九五ｍ）をスキー滑降しました。

疲れと高山病でフラフラになっている子どもたちを見て、「かわいそうなことをした」と途中で後悔したりしましたが、結局、最後まで達成できたことで大きな感動がありました。

途中でやめなくて本当によかったと思いましたし、家族の絆も一段と強まったように思います。


スキーと登山は親と子が一緒に楽しめる遊びです。雪山は一歩一歩が自然の神秘と驚きに触れることができる世界。自然は、子どもたちにとってもすばらしい学校だと思いますし、教室では学ぶことのできない、かけがえのない経験が得られます。

ぼくは、自分がスキーを通じて世界の山々で得てきた経験を、早い段階から子どもたちにも体験させたかったのです。

ぼくの教育方針は、基本的に冒険や探検と同じです。

おもしろくて、スリルがあり、夢中になって取り組める。途中で、さまざまなトラブルに直面したり、ピンチに陥ったりするのですが、最後までそれをやり通せば、必ず大きな何かを得られます。

そんな経験があれば、先の人生で壁にぶつかったとしても、必ず乗り越える力になってくれるはずです。

おもしろくて、スリルがあり、夢中になって取り組める——。これは、子どもだけではなく、大人になってからも大事なこと。むしろ年齢を重ねれば重ねるほど大事にしたい、人生を最後まで生き生きと輝かすための源泉だと、ぼくは思います。

4章

人生、最後まで「挑戦」

難病

「聖火ランナーを務める」という目標がぼくを救ってくれた

二〇二〇年六月、ぼくは脊髄に難病を発症しました。八七歳のときです。

ある晩、夜中にふと目が覚めると、どうにも首のあたりが心地悪い。すぐに首から手まで違和感が広がり、だんだん腰のほうまでしびれてきて、ついには首から下が一切動かなくなりました。

弱々しく助けを呼ぶぼくの声に次男の豪太が気づいたのが、それからおそらく一時間後くらいでしょうか。様子をひと目見た豪太はすぐに救急車を呼び、明け方近くに病院に搬送され、その日のうちに手術を受けました。

ぼくの病気は、脊髄神経が集まる脊柱管の中に血の塊ができ、それが脊髄を圧迫することで麻痺やしびれなどを起こす「特発性頸髄硬膜外血腫（けいずいこうまくがいけっしゅ）」というもの。一〇〇万人に一人という難病なのだそうです。発症の原因ははっきりとわからないことが多いようで、ぼくの場合、本当になんの予兆も前触れもなく、でした。手術後も後遺症は残り、半年くらいは手足が動かず、長い間、寝たきりの生活が続きました。

ぼく自身は記憶にないのですが、手術直後に「父さん、頑張って！」と声をかけてくれた家族に対して、「頑張りようがない……」などと弱音を吐いたようです。体が動かなくては頑張りようもない……と。

それでもぼくは、手術後、なんとか気持ちを切り替え、毎日のリハビリに励むことになりました。幸いにも少しずつ手足が動くようになり、次は車椅子に乗れるようになり、三か月ほど経つと、ゆっくりですが、杖をたよりに自力で歩くこともできるようになりました。

「よくここまで動けるようになりましたね。医者としては奇跡という言葉は使いたくないけれど、本当に奇跡的な回復です」と担当医は大いに喜んでくれました。


病院のベッドで悶々とする日々の中で、ぼくがリハビリに励むためのひとつの目標になったのは、富士山五合目での東京オリンピック聖火ランナーを務めること。これは発病前から決まっていた予定でした。

富士山はこれまで何十回と登っていますし、若いころにはパラシュートをつけてスキーで直滑降したこともある、ぼくにとってはとても大好きな、大切な山です。二〇二三年八月にも九〇歳で登頂しました。

さすがに走ることは無理かもしれませんが、杖を突いて聖火を運ぶことなら、いまのぼくにもできるかもしれない。いや、こんな栄誉な機会は二度とないのだから、これは何がなんでもやりたい、と。

とはいえ、そのころは自力で歩けるとはいえ二本の杖は欠かせませんし、椅子に腰かけるにしても、椅子から立ち上がるにしても、ひどく時間がかかっていました。だから本人の思いとは裏腹に、周囲はぼくが聖火リレーに参加することは無理だろうと思っていたかもしれません。

けれども、やはり人間というもの、何か大きな目標があると不思議な力が湧いてくるものです。オリンピックの聖火ランナーを務めるという具体的な目標が、ぼくの不自由な体にもいい方向に働いてくれました。

当日は次男の豪太のサポートのもと、杖代わりのストックを突きながら、一歩一歩、聖火を運ぶことができました。

自力で歩けるようになってからは、長かった八か月ほどの入院生活を終え、札幌の自宅に戻りました。

いまは週に三回自宅で、そして一回は病院でのリハビリと、ジムでパーソナルトレーナーの指導によるトレーニングを週に二回というペースで回復に努めています。

ほかにも天気がよければ、できるだけ公園に出かけて歩くようにしています。

札幌市内の西側に、旭山記念公園という自然公園があります。そこを歩くことがいまの楽しみのひとつです。

まあ、歩くといっても、駐車場でクルマから降り、そこから展望台のある頂上まで、緩やかな坂道をエッチラ、オッチラ。距離にすればわずか八〇〇mくらいでしょうか。家族に支えられながらそこに行って、帰ってくる。

折り返し地点の展望台からは、札幌市街が一望のもと。春から秋までは季節ごとに違った花が咲き、野鳥観察に訪れる人も多いところです。札幌市民の憩いの山ですからね。そこを訪れるだけで気持ちが晴れ晴れしてきます。

昔からぼくは室内ジムでのトレーニングは嫌いで、必要とあれば山に登ったり、歩いたりすることで体を鍛えてきました。

いま、ぼくの部屋には五kgのダンベルが置いてあったりしますが、単なる置物と化していて、ほとんどサボっています。やはり「歩く」ことが基本。歩くことは、走ることよりも体への負担がなく、高齢者のトレーニングに向いています。

ぼくの太ももの付け根から脚全体、足の裏までは、いまもなお、ピリピリとしたしびれが走っています。運動すればするほど、しびれは強くなっていきます。そうなれば、いったん運動は中止です。

筋肉は鍛えれば強くなるし、骨折は時間が経てばくっつきます。けれども、今回は神経系のトラブルで、トレーニングでよくなるとは限らないという非常にやっかいな状態です。

もう九〇歳を超えましたし、こういう状態になったのだから、あせらず、あわてず、ゆっくり治していくしかありません。

しびれがあるという感覚をしっかり受け入れたうえで、歩くことをどう楽しめるか。それを試している毎日です。

繰り返しますが、ぼくにとっては「歩く」ことがすべての基本なのです。

あらためて思いますが、病気に限らず、人生において逆境というのは来るべくして来るところがあります。

それを乗り越えていくときは、やはり何か「目標」があるというのが大いに力になります。

オリンピックの聖火ランナーを務める――。この具体的な目標がなければ、ぼくの体の回復はもっと遅れていたように思います。

どんな困難な状況に陥っても、それでも目標を持ち続けることができるかどうか。その達成に向かっていけるかどうか。それが元気でいられるかどうかの分かれ目なのではないでしょうか。

回復

めげてしまったら幸福はますます遠ざかる

前項で、脊髄に難病を発症した話をしましたが、発病したころと比べると、いまは少しずつですが回復し、気分的にも、体力的にも元気に過ごせています。脚はいまだにしびれていますが、もう四年近く経っていますからね。しびれとの付き合いにもだいぶ慣れてきました。

子どものころは結核性肋膜炎で長期入院を強いられ、プロスキーヤーになってからもケガがつきものだったぼくは、七〇歳を過ぎてから不整脈という非常にやっかいな心臓病が発覚し、七六歳では骨盤骨折という重傷を負いました。

そうした数々の苦難を経験し、病気やケガには慣れっこのはずでしたが、今回ばかりは思うようにいきません。なぜかといえば、神経系のトラブルだからです。いままでのケガや病気では、時間がかかったとしても確実によくなっていきましたが、神経の病気はどうも様子が違うようです。

以前より悪くなることはないのですが、残念ながら、劇的に回復に向かっているという実感もありません。そろりそろりと、少しずつよくなっていく感覚でしかないという現実。そのあたりが少々もどかしい部分です。

ぼくが発症したのは八七歳ですから、場合によったら、そのまま寝たきりになったり、よくて車椅子生活になったりする可能性も大きかったわけです。普通なら不安でたまらなくなるところですが、それでもなぜだか、激しい不安に陥ることはありませんでした。

あれこれ心配してもしかたがない。病気そのものについては専門の先生方におまかせするしかない。あせらず、あわてず、ゆっくり治していこう。どうせまた、いずれ元気になる日が来るのだから……と思えたからです。

何度もいいますが、ぼくは生来、楽天的な性格なのです。「なにごとも、なるようになるさ」という、ある意味、無責任な思い込みが強い人間です。

七〇歳でエベレストに登頂した直後から発覚した心臓病への不安も、いまはペースメーカーを入れたことで、ある程度解消しています。日々の生活では、不整脈のことを完全に忘れているくらいです。

今回、手術後に専門のリハビリセンターに入院したのですが、そこでリハビリをはじめるに当たっては、心臓病の問題を解決しておく必要がありました。

ペースメーカーを入れる話は、じつは不整脈と診断された当初からありました。けれども、自分の体に機械を埋め込むのは、医療機器とはいえ、ひどく抵抗があります。そんなものを入れたら、エベレストに登れなくなると、ずっと意地を張ってきたのです。

けれども、今度ばかりはそうもいっていられません。なにより歩けるようになることが先決ですからね。

でもまあ、ものは考えようです。自転車ではありませんが「電動アシスト付き心臓」になったと思えばいいわけで、これで「坂道もラクラク」です。

脚がしびれて、自分ひとりでできないことも多い。まるで介護生活のような毎日は、ひどく退屈で、何もおもしろくもありませんが、それでも、暗い闘病生活というイメージはありません。娘や息子たちが交代で外食に連れ出してくれますし、孫たちに会うのもいい気晴らしになっています。

いまは幸いなことに、杖代わりのストック一本あれば自力で歩けるようになりましたし、ちょっと頑張れば、一〇〇mぐらいは杖なしで歩くこともできます。リハビリで病院に行っても、一歩ずつなら階段の上り下りもできるようになりました。

そうやって、週に何回かのリハビリやトレーニング、ウォーキングを楽しんでいるという日常です。

ところで、このしんどいリハビリも、娘や息子たちが交代で外食に連れ出してくれたり、孫たちに会ったりすることがいい気晴らしになっているといいましたが、ちょっと淋しいのは、この年齢になると、多くの友人、知人が鬼籍に入ってしまい、そういう話し相手が減っていること。でも、そうした中にあっても「生きているだけでもうけもの」と思っています。

そうした意味では、ぼくは「めげない」人間の代表格。

みなさんも、何があろうと前向きに、めげずにいきましょう。

めげたところで、何もいいことはありませんからね。幸福も遠ざかるだけです。

楽観力

病気の一つや二つ、むしろあったほうがいい

札幌は大都市にもかかわらず雪が積もる街です。そのため、楽しみにしている旭山公園のウォーキングも、街が雪に閉ざされる冬はお休み。それに代わるように、待ちに待ったスキーシーズンがはじまります。

もう一度スキーをはいて、雪の斜面を滑ること。これは、脊髄の病気にかかった当初から、なによりも楽しみにしていたことです。

前述のように、東京オリンピックの聖火ランナーを務めることも大きな目標でしたが、やはり、ぼくにはスキーです。

発症から二回目の冬に、ぼくは二年ぶりに雪の上に立ちました。

物心つく前からスキーをはいて育ったようなぼくですから、これほど長い期間、スキーをはかなかったのははじめての経験です。

場所はホームゲレンデのサッポロテイネスキー場。そのときは、まだ脚の筋力に不安が残っていたものですから、「デュアルスキー」というチェアスキーのような着座式の滑走道具に乗りました。

これは障害のある人でも雪の上を滑る楽しさを体験できるように、と開発されたスキー機材で、ぼくがスキーに付いたチェアに座り、息子の豪太が後ろからそれをコントロールするという二人一組で滑るものです。

このときは短い距離でしたが、久しぶりに風を切って雪の上を滑るスキーの心地よさを味わうことができました。

それで味をしめると、当然のように欲が出ます。以前のように、自分自身でスキーをコントロールしたい、と。

このときは、まだ階段の上り下りもままならない状態だったのですが、短い時間でもスキーで滑ってからは、退屈だった毎日のリハビリにも一層、意欲的に取り組めるようになりました。

もう一度、自分の脚でスキーを滑りたい。この欲求が大きなモチベーションになったのです。

サッポロテイネスキー場は、札幌オリンピックのアルペンスキー競技会場跡地につくられたスキー場で、札幌市街や石狩湾が広がる景色のすばらしいところです。また、山頂から麓のスキーセンターまでは、ビギナーや子ども連れでも滑ることのできる四㎞の林間コースがあります。この四㎞のロングコースを自分の力で滑り降りること。まずはこれがぼくの大きな目標でした。

週に二回のジムでのパーソナルトレーニングでは、冬が近づくと、スキーで滑ることを意識してスクワットトレーニングを取り入れてもらいました。スクワットは足腰から体幹までを鍛えることができるだけでなく、スキーの基本姿勢を整えるには最適です。

その成果か、発病して三回目の冬には、テイネの山頂から四㎞のコースを自力で滑り降りることができました。

「自力」とはいっても、まだ脚の力は万全ではありませんから、後ろから息子がロープでサポートしてくれます。これなら不完全なコントロールでオーバースピードになっても安心です。

ゆっくり滑り出し、疲れたら休み、十分に回復したらまた滑り出す。これを五回、六回と繰り返すうちに、ついには麓のスキーセンター前に滑り込むことができました。結局、一二月から二月まで、テイネのスキー場には毎月一回ほどのペースで通いました。

まだまだ息子のサポートなしでは心もとないスキーでしたが、それでも最後のほうは、途中三回ほど休んだだけで滑り降りられるようになっていました。

三月には大雪山旭岳に行き、そこでスキーを楽しむこともできました。アイヌの言葉で「カムイミンタラ（神々の遊ぶ庭）」と呼ばれる大雪山の絶景の中、美しく雄大な景色と、澄み渡った空気を味わうように、ゆっくり、のんびりと滑り降りたのです。

やはり、スキーは格別です。病院のリハビリ室や、室内のジムでトレーニングすることに比べたら、一〇〇倍も、一〇〇〇倍も楽しい。

いまはなんだかんだと、週に四、五日はリハビリに費やしていますが、できることなら、毎日スキーに行きたいくらいです。

次の冬が来るのが、いまから楽しみでなりません。もっとも、ぼくは九〇年近くも、そうして冬を待ち焦がれる人生を送ってきたのですけどね。

今度は息子のサポートなしで、本当に自分の力だけで滑り降りたいと思っています。ロープでサポートされたスキーは、やっぱり、自分の思う通りにはいかないもどかしさがありますから。

でも、いまはうまくいかなくてあたりまえ。病気と同じく、そのうちよくなるだろうという楽観的な気持ちで、のんびりやろうかなと思っています。

ぼくの人生にスキーがあって、本当によかった。そう心から思えます。

まだ体は不自由ですが、軽々としたパウダースノーを巻き上げて滑ったり、大きな崖からジャンプしたりしている夢をよく見ます。治るかどうかも定かでない神経の病気にかかったことで、かえってスキーの楽しさ、すばらしさをあらためて理解することになりました。

これぞまさしく「一病息災」というもの。五体満足でいると、案外、健康のありがたさに気づかないものです。かえって病気のひとつや二つくらいあったほうが、何か大事なことに気づいたり、本質的なことがわかったりして、人生が充実するのかもしれませんね。

長寿

「歳を取ること」そのものに好奇心を持ってみる

歳を取ってから同窓会に出たりして、同級生と話をすると、「いやぁ、オレはもうダメだ。歳だしね」という人間が増えていきます。それに惑わされないようにしなきゃいけません。

年齢的には五〇歳あたりが分岐点になるのでしょうか。

そこまでに積み上げてきた体力や健康が、しだいに「引き算」になっていく。

だから、その引き算分をできるだけ少なくするか、あるいは、マイナス部分を少しでもプラスにどう持っていけるかが分かれ目なのですが、やはり、大事なのは、そのときにどんな「目標」を持って「挑戦」しているか、だと思います。

会社勤めをしているみなさんにとっては、やはり「定年」というのがひとつの区切りになると思いますが、会社を定年退職したとたんに目標を失い、活力を失い、めっきり老け込んでしまう、という話はよく聞きますよね。

逆に、趣味を持っている人、たとえば山登りが好きな人なら、好きなときに好きなだけ山に行けるようになって、次はこの山、その次はこの山に挑戦したいと、むしろ生き生きしているということもあるでしょう。

ぼくの場合は山とスキーが仕事ですから、定年とも無縁だし、第二の人生もない。けれども、世界七大陸最高峰からのスキー滑降を終えたのが五〇代中盤で、そこから先は冒険に対するメラメラした気持ちもしだいに薄れていきました。

「冒険家引退」の文字が頭にちらついてきました。たしかに、「もう無謀な挑戦はやめたら」といわれる年齢です。でもぼくには、「何かまだまだやることがあるはずだ」という気持ちが消えませんでした。そして出会ったのが、「七〇歳でエベレストに登頂する」という新しい夢です。

そんな生き方の中で、一番の見本になったのは、わが父、三浦敬三です。もともと、営林局に勤めながらスキー選手や山岳写真家として活動を続けた明治生まれの父は、根っからのスキー好き。退官後も冬は札幌、夏は東京に住みながらスキーを続け、一〇一歳で他界するまで、雪の上に立ち続けた人です。「今度、若い人たちを連れて、カナダに滑りに行ってくるよ」と毎年一二月になると、友人を連れて冬のカナダでスキーをするのを楽しみにしていました。父のいう「若い人たち」とは、当時で七〇歳以上の方々ばかりだったのですけどね。

父が八〇代後半になったころに、母が亡くなりました。そこからの父は、東京・練馬でひとり暮らしです。

その年齢でひとり暮らしはさすがに厳しいだろうと、札幌での同居を勧めました。そうして一か月くらい一緒に札幌で暮らしたあと、父は東京に帰るといい出しました。札幌では家族に囲まれ、何不自由ない暮らしだったはずです。けれども、父は、それがマイナスに働くと考えたのです。

東京では掃除、洗濯、買い物から炊事まで、すべて自分でやっていた父の、やることがなくなってしまったのです。「このままではボケてしまうのではないか」と父は考えたようです。

このころの父には、九九歳でモンブランをスキーで滑るというひとつの大きな目標がありました。そのためには、ボケるわけにはいかない。そうして父は都内で自活する生活へ戻っていったのです。いかにも父らしい判断でした。

いま、ぼくは、あのころの父と同じ年代になりました。父の年齢にはまだ達していませんが、このままだと、ぼくも一〇〇歳まで生きそうですし、そこから先も生きていたらどうなるんだろうと、歳を取ることに対する好奇心のようなものがあります。

自分の父のように長生きするものだと信じ込んでいるわけですから、一〇一歳まで生きても驚くこともないし、そこからは淡々と生きればいいのかなと思います。まあ、死ぬときは誰でも死ぬわけですから、生きられる限り生きてみたいと思いますね。

ただし、寝たきりの一〇〇歳とか、それこそたくさんの管につながれてまで長生きすることにはまったく関心がありません。一〇〇歳になっても、それ以上歳を取っても、ぼくはスキーをしたり、旅行をしたりしたいわけです。

だから、いまの状態を保ったまま、どういう歳の取り方ができるのか……ぼくには歳を取るときの悲壮感は皆無で、むしろ期待感のほうが大きい。「ここから先、どんなふうになっていけるのだろう?」と。案外、そんな好奇心を持っているほうが、長生きするのではないかと、ぼくはそう思っています。

最期
ぼくは絶対「笑って死にたい」

ぼくは、自分がやったことに対してくよくよ悩みませんし、落ち込むこともありません。それは若いころよりも、かえって歳を取ってからのほうが、そういう傾向が強くなってきたような気がします。

八〇歳で三度目のエベレストに登ったのが二〇一三年ですから、早いもので、すでに一〇年以上経っています。七〇歳での最初のエベレスト登頂からは二〇年。

まあ歳を取るわけですね。

七〇歳から八〇歳までの一〇年間というのは、若いころの一〇年間とは違って、加齢の影響か、一年でいろいろなことが大きく変化していきます。

実際、その間にぼくには不整脈というやっかいな心臓病が発覚し、七六歳では骨盤骨折の大ケガを負いました。


それでも、不思議なことに、七〇歳のときよりも、八〇歳のときのほうが、快調に登れた覚えがあります。

「不整脈がある。骨盤を骨折した。それでもできた」というほうが、すごいじゃないかと自分に言い聞かせて挑戦していました。楽天的であると同時に、ある意味、「開き直り」ですね。


エベレストという山は、どこもかしこも厳しく、毎日毎日が文字どおり、心と体をすり減らすような登山が続きます。けれども、そうした困難な現実とは裏腹に、ぼくの気分は上々でした。

「八〇歳でこんなところまで来ることができた！」

ということがなによりうれしかったのです。そのポジティブな感情が、ぼくの足を前に進ませたのだと思っています。

エベレストでは八〇〇〇mを超える高所に合計三泊しました。そのうち一泊は八五〇〇mの超高所です。

そこにとどまるだけで体力を消耗し、高山病のリスクが高まるために、八〇〇〇m以上の高所では、滞在時間をできるだけ少なくするのが、高所登山のセオリーです。

実際、エベレストに挑むほとんどの登山隊は、八〇〇〇mを超える上部にはキャンプを設けず、サウスコルから長駆山頂を往復します。

けれども、先述したように、ぼくらは「年寄り半日仕事」作戦ですから、途中の八五〇〇m地点に最終キャンプを設けました。減らすのは高所のリスクか、それとも一日の体の負担か――。八〇歳の後期高齢者がエベレストに登るための究極の選択でした。

その最終キャンプでの天気待ちの間に、テントの中で開いたのが「天空のお茶会」です。

日本を出発する前に京都福寿園のご主人から戴いた抹茶に、人間国宝の作家がつくった茶器、茶菓子はとらやの羊羹。これらをわざわざベースキャンプから運び上げていたのです。

地上八五〇〇mのデスゾーン。ときおり、悪天候を衝いて山頂を目指す登山隊が外を通り過ぎるなか、テントの中では絶妙な静寂に包まれた空間が出現していました。

極度の緊張感もやわらぐ、その満ち足りたひとときを満喫しながら、ぼくの隣で息子の豪太はこうつぶやきました。

「エベレスト登山でもっとも無駄と思われたものが、もっとも必要なことになるとは、思ってもみなかった」

と。

最終キャンプで悪天候に見舞われて足止めされたときには、ベースキャンプからの無線を通じて、日本からの通信が続々と届きます。常識外れの高所で連泊している、という話を聞きつけた日本の有名な山岳ジャーナリストの方からのアドバイスもありました。

「八〇歳でそこまで登ったこと自体が新記録なのだから、それ以上リスクを冒す必要はありません。無理しないで下山してください」

と。

けれども、下りる気はまったくありませんでした。大丈夫、大丈夫、と。まあ、それほど大丈夫でもなかったんですけどね。でも、エベレストなんて、どうやったって無理しないで登るなんてできません。

まったく、正真正銘の命がけですが、でも、それが楽しかった。八〇歳にもなって、まだこんなことができるなんて……と。

自分でいうのもなんですが、若いころから命がけでいろいろなことに挑戦してきました。そうした中で、心の覚悟みたいなものが出来上がってきたのかもしれません。

「山で死ぬなら本望だ」

「いつでも楽しく、笑って死にたい」

という覚悟が、です。

（了）

90歳、それでもぼくは挑戦する。

著　者——三浦雄一郎（みうら・ゆういちろう）

発行者——押鐘太陽

発行所——株式会社三笠書房

〒102-0072 東京都千代田区飯田橋3-3-1
電話：(03)5226-5734（営業部）
　　：(03)5226-5731（編集部）
https://www.mikasashobo.co.jp

印　刷——誠宏印刷

製　本——若林製本工場

ISBN978-4-8379-2971-0 C0030

三笠書房

心配事の9割は起こらない
減らす、手放す、忘れる「禅の教え」

枡野俊明

心配事の〝先取り〟をせず、「いま」「ここ」だけに集中する

余計な悩みを抱えないように、他人の価値観に振り回されないように、無駄なものをそぎ落として、限りなくシンプルに生きる——それが、私がこの本で言いたいことです(著者)。禅僧にして、大学教授、庭園デザイナーとしても活躍する著者がやさしく語りかける「人生のコツ」。

小さなことにくよくよしない88の方法
リチャード・カールソン[著]
和田秀樹[訳] フジモトマサル[イラスト]

「いいこと」が1日24時間起こる世界一簡単なルール!

ストレスを減らし、もっと〝元気で楽しい〟自分になれる心の魔法薬。▼「1時間だけ悩んで」あとは忘れる▼「いちばん意見を言われたくない人」のアドバイスこそ妙薬▼「理想の自分」の〝自己紹介文〟をつくる▼自分が貢献できる〝小さなこと〟を探す …他

精神科医が教える一喜一憂しない生き方
和田秀樹

「いま」に焦るから、「いま」が不安になる

仕事、健康、人間関係……私たちはつい、目の前の細かいことにこだわって一喜一憂してしまいがちです。しかし、もう少し気長に「いま」を楽しむ気持ちのゆとりをもちたいもの。「大切なもの」を見失わず、好きなことを満喫する生き方を精神科医の和田秀樹先生がアドバイス!

T30378